Arne Buthmann
Cornelia Thon

Fair streiten lernen

ein Tutoren- und Präventionsprogramm für die Sekundarstufe

Verlag an der Ruhr

Impressum

Titel: Fair streiten lernen –
Ein Tutoren- und Präventionsprogramm
für die Sekundarstufe

Autoren: Cornelia Thon, Arne Buthmann

Illustrationen: Martina Foßhag

Titelbild/Illustrationen: Katrin Mielke

Druck: Druckerei Uwe Nolte, Iserlohn

Verlag: **Verlag an der Ruhr**
Postfach 102251, D–45422 Mülheim an der Ruhr
Alexanderstraße 54, D–45472 Mülheim an der Ruhr
Tel.: 02 08 – 439 54 0
Fax: 02 08 – 439 54 39
E-Mail: info@verlagruhr.de
Internet: www.verlagruhr.de

ISBN 3-86072-595-5

Ein weiterer Beitrag zum Umweltschutz:

Das Papier, auf das dieser Titel gedruckt ist, hat ca. **50% Altpapieranteil**, der Rest sind **chlorfrei** gebleichte Primärfasern.

Die Schreibweise der Texte folgt der reformierten Rechtschreibung.

Das Konzept des Fair-Streiten-Trainings ist von den Autoren des Buches, Cornelia Thon und Arne Buthmann, im Rahmen ihrer Diplom-Arbeit im Fach Psychologie entwickelt und in der Praxis erprobt worden.

Über 50 Oberstufen-Schüler aus Hamburger Schulen haben die Ausbildung zu Fair-Streiten-Trainern bei Cornelia Thon und Arne Buthmann absolviert und die Fähigkeiten im fairen Streiten an ihre Schulen weiter getragen.

Cornelia Thon:

Cornelia Thon ist Diplom-Psychologin und arbeitet als Personalreferentin in der Personalentwicklung eines Hamburger Versandhandelsunternehmens. Sie ist Lehrbeauftragte am Fachbereich Psychologie der Universität Hamburg.

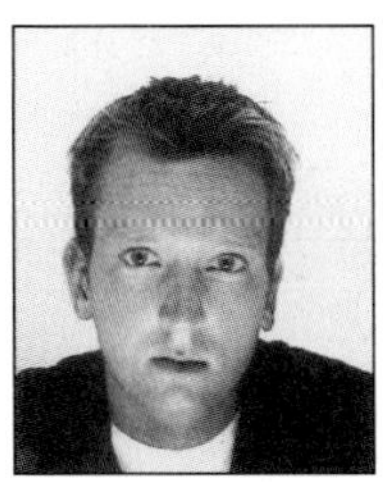

Arne Buthmann:

Arne Buthmann ist Diplom-Psychologe und arbeitet in einer Hamburger Firma für Organisationsberatung und Personalentwicklung. Er ist Lehrbeauftragter am Fachbereich Psychologie der Universität Hamburg.

Inhalt

Fair streiten lernen – Handbuch

So können Sie

Konfliktbewältigung

234 S., A5, Pb.
ISBN 3-86072-341-3
Best.-Nr. 2341
***29,85 DM**/sFr/218,- öS*
(ab 01.01.2002
***15,30 €** (D))*

Mediation in der pädagogischen Arbeit

K. Faller

Für die Beteiligten ist es meist sehr schwierig, selbst einen Weg aus einem Konflikt zu finden. Dann ist es sehr hilfreich, wenn eine dritte unparteiische Person vermitteln kann. In diesem Buch erfahren Sie anhand von konkreten Fallbeispielen, wie man mit Hilfe der Mediation Konflikte bewältigen oder schon im Vorfeld vermeiden kann.

Alltagskonflikte durchspielen

Bildungsteam Berlin-Brandenburg e.V.

Anhand von 50 Problemfällen aus dem (Schul-)Alltag werden in Rollenspielen und Mediationsverfahren Ursachen für Auseinandersetzungen aufgedeckt und gemeinsam konstruktive Lösungen gesucht.

Ab 12 J., 95 S., A4, Pb.
ISBN 3-86072-621-8
Best.-Nr. 2621
***29,85 DM**/sFr/218,- öS*
(ab 01.01.2002
***15,30 €** (D))*

Ab 10 J., 207 S., A4, Pb.
ISBN 3-86072-220-4
Best.-Nr. 2220
***45,- DM**/sFr/329,- öS*
(ab 01.01.2002
***23,- €** (D))*

Konflikte selber lösen

K. Faller, W. Kerntke, M. Wackmann

Ein Streit-Schlichter-Programm, mit dem Kinder und Jugendliche lernen, selbstständig Wege aus Konflikt-Sackgassen zu finden. In Rollenspielen, Gruppenübungen und -aufgaben trainieren sie, Konflikte konstruktiv anzugehen und sie gewaltlos zu bewältigen.

Utopolis

Hj. Buchkremer, M. Emmerich u.a.

Die bestehenden Wertesysteme unserer Gesellschaft zu hinterfragen, führt zu mehr Toleranz und gegenseitigem Verständnis. In diesem Rollenspiel experimentieren Jugendliche und Erwachsene an einem Gesellschaftsvertrag für ein gerechtes Miteinander. Sie lernen, dass die eigene Sichtweise zugunsten sozialer Beziehungen überdacht werden muss.

Ab 14 J., 60 S., Papph.
ISBN 3-86072-624-2
Best.-Nr. 2624
***35,- DM**/sFr/256,- öS*
(ab 01.01.2002
***17,90 €** (D))*

weiter arbeiten:

Soziale Kompetenz

Ab 10 J., 196 S., A4, Pb.
ISBN 3-86072-499-1
Best.-Nr. 2499
42,- DM/sFr/307,- öS
(ab 01.01.2002
21,50 € [D])

Zusammen kann ich das

S. Finney

Was einer alleine nicht schafft, kann für zwei zum Kinderspiel werden.
Mit diesem Trainingsprogramm lernen Jugendliche, zusammenzuarbeiten und Probleme effektiv zu bewältigen. Verschiedene Übungen und Aufgaben fordern zur Kommunikation, Kooperation und zum zielgerichteten Handeln auf.

Miteinander klarkommen

D. Schilling

Kommunikation, Kooperation und Toleranz sind wichtige Basiskompetenzen, die nicht nur im Schulalltag von Bedeutung sind. In Diskussionen, Rollenspielen, Gesprächsrunden und Spielen lernen die Jugendlichen, eigene und fremde Bedürfnisse wahrzunehmen, Verschiedenheit zu akzeptieren und mit anderen zusammenzuarbeiten.

Ab 10 J., 133 S., A4, Pb.
ISBN 3-86072-551-3
Best.-Nr. 2551
36,40 DM/sFr/266,- öS
(ab 01.01.2002
18,60 € [D])

Ab 10 J., 95 S., A4, Pb.
ISBN 3-86072-553-X
Best.-Nr. 2553
33,20 DM/sFr/242,- öS
(ab 01.01.2002
17,- € [D])

Gefühle spielen immer mit

T. Akin u.a.

Mit sich selbst klarkommen und andere verstehen ist nicht immer einfach, wenn die Gefühle einem ständig dazwischenfunken. Mit Hilfe dieses Trainingsbuches lernen die Jugendlichen, Gefühle wahrzunehmen, sie auszudrücken, mit (unangenehmen) Gefühlen umzugehen und letztlich sich und andere besser zu verstehen.

Selbstvertrauen und soziale Kompetenz

T. Akin u.a.

Von dem Selbstwertgefühl hängt ab, wie wir mit uns selbst und anderen umgehen, Probleme bewältigen und mit den alltäglichen Anforderungen fertig werden.
Mit diesem Arbeitsbuch lernen Jugendliche, eigenen Stärken zu vertrauen, an Schwächen nicht zu verzweifeln und sich und andere zu akzeptieren.

Ab 10 J., 206 S., A4, Pb.
ISBN 3-86072-552-1
Best.-Nr. 2552
45,- DM/sFr/329,- öS
(ab 01.01.2002
23,- € [D])

Fair streiten lernen

Postfach 10 22 51
45422 Mülheim an der Ruhr
www.verlagruhr.de

Vorwort

Gewalttätig ausgetragene Konflikte unter Kindern und Jugendlichen hat es immer gegeben. Die Erwachsenen gewinnen allerdings den Eindruck, dass es immer schlimmer wird. Ob dieser Eindruck durch sensationsgeleitete Berichterstattung erzeugt wird, sich die jahrhundertealte Klage der älteren Generation über die Jugend bloß wiederholt, oder ob dieser Eindruck tatsächlich der Wahrheit entspricht, sei dahingestellt. Sicherlich aber muss jede Gesellschaft systematisch darauf hinwirken, dass Gewalt vermindert und gewaltlose Konfliktlösungen bereits im Kindes- und Jugendalter erlernt werden. Denn die so genannte Jugendgewalt und unzureichende Konfliktlösungskompetenz von Kindern und Jugendlichen hängen miteinander zusammen. Gewalttätige Kinder und Jugendliche haben in ihrem kurzen Leben meist viel Gewalt erlebt. Gerade diese Kinder und Jugendlichen hätten es leichter, ihre gewalttätigen Verhaltensmuster zu korrigieren und durch effektives Konfliktmanagement weitgehend zu ersetzen, wenn in der Gruppe ihrer Altersgenossen eine Kultur der gewaltlosen Konfliktlösung etabliert wäre.

Wären unter Kindern und Jugendlichen ausgeprägte Fähigkeiten zum gewaltlosen Umgang mit Konflikten auf breiter Basis vorhanden, wäre das die beste Gewaltprophylaxe. Unzureichende Konfliktlösungskompetenzen dagegen fördern gewalttätige Konfliktausübung. Impulskontrolle, Bedürfnisaufschub, Hineinversetzen in den Konfliktgegner sowie kreative Konfliktlösungsideen können durch Streittrainings auch an Kinder und Jugendliche vermittelt werden.

Konflikte konstruktiv austragen, Gewalt mindern

Dass die Schule für die Entwicklung einer Kultur gewaltloser Konfliktlösung der geeignete Ort ist, liegt auf der Hand, auch wenn man der Meinung ist, dass den Schulen nicht die Lösung aller Probleme aufgehalst werden darf, die an anderen Stellen in unserer Gesellschaft entstehen.

Schulen können in Zukunft dazu ihr bereits recht gut ausgebautes System von Kompetenzen nutzen. So tragen z.B. Lehrkräfte ständig zur gewaltlosen Regulierung von Konflikten zwischen einzelnen Schülern hilfreich bei. Viele Beratungslehrkräfte und Schul-Sozialpädagog(inn)en sind darin ausgebildet, bei Konflikten zwischen Schülergruppen hilfreich zu vermitteln. Auch Schulleitungen setzen einen beträchtlichen Teil ihrer Arbeitszeit ein, um die vielfältigen Konflikte im Raum der Schule zu managen und fruchtbar zu machen. In den vergangenen Jahren wurden überdies an vielen Schulen Programme zur Ausbildung und zum Einsatz von Schülern als Streitschlichter (Konfliktlotsen, Peer-Mediatoren) eingeführt.

vorhandene Ressourcen nutzen

An Schulen gibt es daher eine gute Grundlage an Ressourcen, auf denen man aufbauen kann.

Mit der Entwicklung von Programmen zur Unterstützung dieser Personengruppen haben wir – Friedemann Schulz von Thun, Schwerpunkt-Studierende und ich am Fachbereich Psychologie der Universität

Hamburg – uns in den vergangenen Jahren immer wieder befasst. Dabei zeigte sich auch, dass Konfliktlösungstrainings für alle Schüler zusätzlich notwendig wären. Doch wie können genügend Personen ausgebildet werden, die flächendeckend einer so großen Zahl an Schülern die wichtigsten Kompetenzen für gewaltlose Konfliktlösungen vermitteln?

Konfliktbewältigung nach dem „Schneeball-Prinzip"

Auf der Grundlage unserer Erfahrungen mit der Weiterentwicklung US-amerikanischer Ansätze der Peer-Mediation (Leiß u. Kaeding, 1997), schien es uns sinnvoll, eine vergleichbare Ausbildung von Schülern zu Streit-Trainern zu konzipieren. Der Grundgedanke: Ältere Schüler können jüngeren mit einem geeigneten Training hilfreiche Methoden für die Bewältigung ihrer Streitigkeiten vermitteln. Die Älteren sind zugleich besonders effektive Modelle, von denen ihre „peers" bekanntlich ja leichter und wirkungsvoller lernen als von Erwachsenen.

Die Aufgabe, ein solches Training zu planen, zu erproben und mit Hilfe sozialwissenschaftlicher Methoden der Erfahrungsauswertung weiter zu entwickeln, haben Conny Thon und Arne Buthmann übernommen. Wie man beim Lesen des vorliegenden Programmes spürt, haben sie diese Aufgabe mit viel Engagement und Spaß erfüllt – übrigens auch zur großen Zufriedenheit der Teilnehmer.

Über 50 Oberstufen-Schüler aus Hamburger Schulen haben die Ausbildung bei Conny und Arne durchlaufen. Sie haben das Programm hervorragend angenommen und in der systematischen Evaluation für gut befunden.

Aus ihren Schulen wissen wir, dass das Programm im Sinne des Grundgedankens im Training mit jüngeren Schülern umgesetzt und weitergeführt wurde, wenn eine engagierte Lehrkraft dahinter stand und sich um die Organisation kümmerte.

Das Entwicklungsprojekt hat den Beteiligten viele Erfahrungen gebracht, die in das vorliegende Trainingsprogramm eingeflossen sind. Eine der wichtigsten Erkenntnisse betrifft die Umsetzung: Allen potenziellen Anwenderinnen und Anwendern ist zu empfehlen, erst dann mit der Ausbildung älterer Schüler als Konflikttutoren zu beginnen, wenn die Organisation der Trainingsgruppen für jüngere Schüler so weit gesichert ist, dass die Mehrzahl der Tutoren auch eingesetzt werden kann. Sonst lohnt der Aufwand nicht.

Wenn diese Voraussetzung vorhanden ist, kommt es nur noch darauf an, genügend Zeit für die Ausbildung der Schüler-Streittutoren zur Verfügung zu haben und das hier beschriebene Programm gut vorbereitet und mit Überzeugung durchzuführen.

Dabei wünsche ich allen genau so viel Spaß und Erfolg, wie Conny und Arne es bei der Entwicklung hatten.

Hamburg, im März 2001
Alexander Redlich
Dozent am Fachbereich Psychologie der Universität Hamburg

Einleitung

Wen lassen die zahlreichen Berichte über gewalttätige Auseinandersetzungen in Schulen unberührt? Schlägereien und ein ruppiger Umgangston sind leider keine Seltenheit auf deutschen Schulhöfen. Durch die Brisanz des Themas „Gewalt an Schulen" ist die Idee entstanden, ein Programm zu entwickeln, das Schülern helfen soll, Handlungsalternativen im Streit zu erlernen, die sie davon abhalten, Konflikte mit Fäusten auszutragen. Angeregt durch laufende Mediations-Programme, die auf dem Prinzip der Vermittlung durch eine dritte Person basieren, war es unser Ziel, „Hilfe zur Selbsthilfe" zu leisten: Die Kinder können ihre Konflikte aus eigener Kraft konstruktiv lösen – ohne Streitschlichter. In diesem Sinn setzt das Fair-Streiten-Training präventiv an.

Das Besondere an dem vorliegenden Programm ist, dass es eigentlich „Two-in-one" sind: Zwei Trainingskonzepte für zwei unterschiedliche Zielgruppen. Zum einen finden Sie in diesem Buch eine Tutoren-Ausbildung für (Oberstufen-)Schüler, zum anderen das Fair-Streiten-Training für Fünft- und Sechstklässler. Letzteres kann von jedem Lehrer und erfahrenen Gruppenleiter aus dem Stand durchgeführt werden. In diesem Fall kann der interessierte Leser direkt bis zur Seite 104 vorblättern. Mit Hilfe der Tutoren-Ausbildung können jedoch auch ältere Schüler dazu befähigt werden, das Training in den unteren Klassen ihrer Schule durchzuführen. Der klare Vorteil dieses Prinzips ist eine Entlastung der Lehrer, die wir lediglich unterstützend in unser Programm integriert haben – als begleitende Supervisoren und Koordinatoren der Umsetzung. Scheint der Aufwand dafür anfangs auch groß, zeigen erste Erfahrungen, dass sich diese Mühe auf lange Sicht bezahlt macht. Jahrgangsübergreifende Programme tragen schon von daher zur Verbesserung des Schulklimas bei, weil Kontakte geknüpft werden, die sonst nicht möglich sind und weil die Schüler ernst genommen werden: Sie übernehmen Verantwortung und setzen sich aktiv mit einem gesellschaftlich relevanten Thema auseinander.

gegen Gewalt angehen

Die zwei vorliegenden Programme sind mit dem Ziel entstanden, ein pragmatisch-handlungsorientiertes Training für Schulen zu entwickeln, das zu einem freundlicheren Miteinander beiträgt. Der Appell, der vom Fair-Streiten-Training ausgeht, lautet: „Keine Gewalt und keine derben Beleidigungen!" Wie der Titel besagt, sollen Konflikte nicht etwa aus der Welt geschafft werden. Im Gegenteil: Konflikte können oft eine Verbesserung von Beziehungen bewirken. So wird ein konstruktiver Umgang mit Konflikten vermittelt, ein fairer Umgang miteinander geübt. Dies drückt der Titel aus: **Fair streiten lernen!**

Konfliktfähigkeit verbessern

Unser Fair-Streiten-Programm richtet sich an Lehrer, v.a. Beratungs- und Vertrauenslehrer, sowie an die Schulleitungen und nicht zuletzt an die (Oberstufen-)Schüler selbst. Denn die Idee des Fair-Streiten-Trainings kann nur leben, wenn sie von den Tutoren übernommen und weiter getragen wird.

Nun soll es aber losgehen, mit jeder Menge Übungen, Rollenspielen und gemeinsamen Aufgaben, die auch als Einzelbausteine jeden Unterricht abwechslungsreicher gestalten können. Wir wünschen allen Anwendern viel Spaß beim „Fairen Streiten"!

Cornelia Thon und Arne Buthmann
im März 2001

Überblick

Wie in der Einleitung erwähnt, finden Sie in diesem Buch gleich zwei Trainingsprogramme:

1. Das folgende **Handbuch** zur Ausbildung von (Oberstufen-)Schülern zur zu Fair-Streiten-Trainern (Kapitel 1–8) sowie
2. das **Fair-Streiten-Training** für Schüler ab Klasse 5/6 (ab S. 103).

Teil 1: Handbuch

Dieses Handbuch dient dem potenziellen Ausbilder zur Fundierung seines Grundlagenwissens und erläutert die Methoden, die in der Ausbildung zum Einsatz kommen.

- Im **1. Kapitel** dieses Handbuchs finden Sie Informationen über die **Grundlagen** der Tutoren-Ausbildung sowie Hinweise zur Vorbereitung des Seminars.
- In den **Kapiteln 2–6** werden die Inhalte und Methoden dargestellt, mit deren Hilfe die älteren Schüler zu Tutoren ausgebildet werden.
  Hier geht es zunächst um die **Kompetenzen der Konfliktfähigkeit**, die im Fair-Streiten-Training vermittelt werden sowie um die **Art der Vermittlung** jener Streitfertigkeiten.
  Danach werden die **Gruppenleiterkompetenzen**, die sich die (Oberstufen)-Schüler im Verlauf des Seminars aneignen sollen, sowie die **Art ihrer Vermittlung** beschrieben.
  In der Tutoren-Ausbildung werden die (Oberstufen)-Schüler auf ihren Einsatz in den unteren Klassenstufen vorbereitet. Situationen, die sich in der Praxis als schwierig erweisen könnten, sollten deshalb schon innerhalb des Seminars geübt werden. Solche **Kernpunkte** und ihre mögliche Bearbeitung im Rahmen der Ausbildung werden im Kapitel 5 beschrieben. Zuletzt werden die **Elemente** erläutert, die **charakteristisch für die Ausbildung** sind.
- In **Kapitel 7** erfahren Sie, was es während der Ausbildung zu beachten gilt. Vierzehn **Leitlinien** bieten Orientierung und zeigen, worauf es besonders ankommt.
- In **Kapitel 8** finden Sie schließlich noch Vorschläge zur **Implementierung** der Tutoren-Ausbildung und des Fair-Streiten-Trainings **im Rahmen eines Schulprogrammes**.

Teil 2: Fair-Streiten-Training

Dieser Teil des Buches enthält das **Fair-Streiten-Training** für die unteren Klassenstufen, das die Grundlage der Tutoren-Ausbildung darstellt. Diesen 2. Teil erhalten alle ausgebildeten Tutoren in Kopie als Arbeitsgrundlage. Es kann – wie gesagt – auch unabhängig von der Tutoren-Ausbildung von einem erfahrenen Anwender mit jüngeren Schülern durchgeführt werden.

Ein paar formelle Dinge vorweg:
Um Verwechslungen vorzubeugen, werden im Handbuch diejenigen, die die Ausbildung zum Fair-Streiten-Trainer leiten, als **„Ausbilder"** oder **„Seminar-/Kursleiter"** bezeichnet. Die Teilnehmer, die im Rahmen der Simulation eine Einheit durchführen, werden **„Trainer-Tandem"**, **„angehende Fair-Streiten-Trainer"** oder **„Tutoren"** genannt. Aus Gründen der Übersichtlichkeit und der besseren Lesbarkeit verwenden wir immer die männliche Schreibform. Daher bitten wir alle Leserinnen um ihr Verständnis und bitten sie, sich ebenso angesprochen zu fühlen.

Kapitel 1

Grundlagen der Ausbildung

Grundidee der Ausbildung

Das Fair-Streiten-Training verläuft in zwei Etappen. Den Auftakt bildet die Ausbildung der Tutoren (oder auch Fair-Streiten-Trainer).

Innerhalb einer Schulwoche bilden hierbei zwei Seminarleiter bzw. Ausbilder (d.h. Lehrer, Sozialpädagogen, Psychologen o.Ä.) gemeinsam eine Gruppe von ca. 12–18 Schülern der älteren Jahrgänge zu Fair-Streiten-Trainern aus.

Die Schüler schließen sich paarweise zusammen (bei ungerader Teilnehmerzahl auch zu dritt) und bilden so „Trainer-Tandems".

Grundidee der Ausbildung zum Fair-Streiten-Trainer

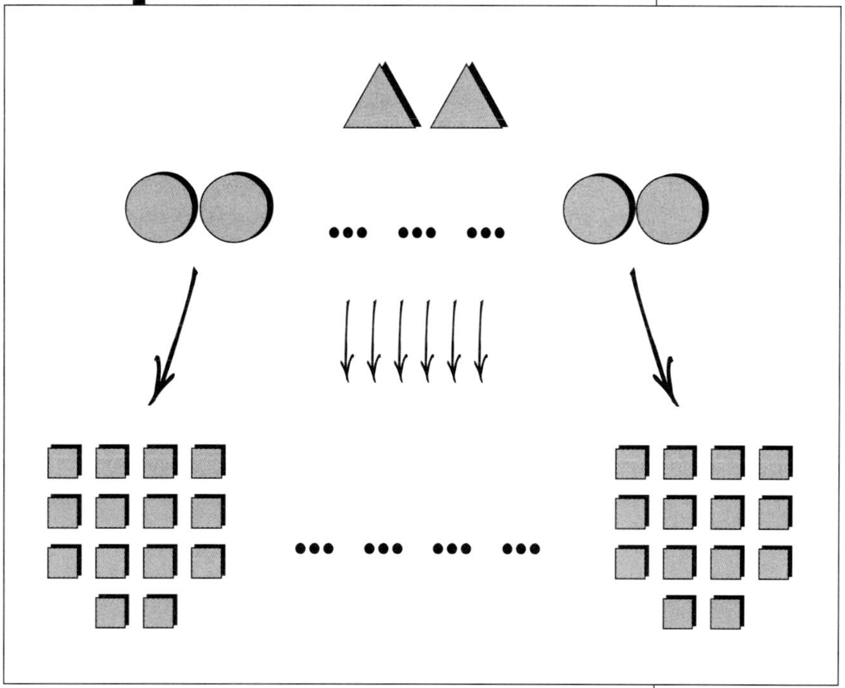

▲ = 2 Ausbilder
● = 6–9 Trainer-Tandems
■ = Fünft- und Sechstklässler

Im Rahmen der Ausbildung übernimmt jedes Tandem die Vorbereitung und Durchführung einer der insgesamt 11 Einheiten, aus denen das Fair-Streiten-Training besteht. Wer welche Einheit anleitet, wird auf einem Vortreffen entschieden. Wenn nicht genügend Trainer-Tandems vorhanden sind, übernehmen die Ausbilder die entsprechenden Einheiten.

Die Ausbildung beruht auf dem **Prinzip der Simulation**: Es wird versucht, das Training mit der Zielgruppe nachzustellen.

Neben den Inhalten des Fair-Streiten-Trainings – d.h. den Kompetenzen zur Steigerung der Konfliktfähigkeit – müssen die Schüler vor allem Gruppenleiterkompetenzen erlernen. Dies geschieht mittels zahlreicher Übungen und verschiedener Formen des Rollenspiels.

Nach Abschluss der Ausbildung zum Fair-Streiten-Trainer erhalten die Schüler neben einer Urkunde eine vollständige Kopie des Fair-Streiten-Trainings, damit sie über eine Arbeitsgrundlage für ihre Tutorentätigkeit verfügen.

Struktur der Ausbildung

Eine einheitliche und übersichtliche Struktur erleichtert den Ausbildern wie auch den Teilnehmern die Orientierung. Einen Überblick über die Struktur des gesamten Seminars sowie die eines einzelnen Ausbildungstages erhalten Sie im Folgenden.

Die Ausbildung zum Fair-Streiten-Trainer findet im günstigsten Fall an **fünf Seminartagen** von ca. **8.⁰⁰ bis 13.⁰⁰ Uhr** statt (siehe Tabelle unten).

Einheit	Inhalt	Tag
1	**Kennenlernen und Regeln für die Gruppe**	1. Tag
2	**Einstieg in das Thema „Konflikte“**	1. Tag
3	**Verhalten in Konflikten – Faires Streiten**	2. Tag
4	Konfliktfähigkeit: **Umgehen mit Wut und sich selbst beruhigen**	2. Tag
5	Konfliktfähigkeit: **Gefühle bei sich selbst und anderen wahrnehmen**	3. Tag
6	Konfliktfähigkeit: **Positionen und Interessen unterscheiden – Verhalten und was dahinter steckt**	3. Tag
7	Konfliktfähigkeit: **Ich-Botschaften formulieren**	4. Tag
8	Konfliktfähigkeit: **Gut zuhören**	4. Tag
9	Konfliktfähigkeit: **Sich selbst behaupten**	5. Tag
10	Konfliktfähigkeit: **Konflikte fair lösen**	5. Tag
11	**Abschluss und Feedback**	5. Tag

Struktur eines fünftägigen Ausbildungsseminars

Der **Ablauf eines Seminartages** kann wie folgt aussehen:

8.00 Uhr	→	**Beginn:** Begrüßung, Stabrunde, Vorstellen des Ablaufs
8.15 Uhr	→	**Einheit 1:** Von zwei Schülern im Trainer-Tandem angeleitet
8.30 Uhr	→	**Auswertung und Feedback** **Sammlung von Kernpunkten** **Ideenspeicher**
9.45 Uhr	→	*Pause*
10.00 Uhr	→	**Einheit 2:** Von zwei Schülern im Trainer-Tandem angeleitet
11.15 Uhr	→	**Auswertung und Feedback** **Sammlung von Kernpunkten** **Ideenspeicher**
11.30 Uhr	→	*Pause*
11.40 Uhr	→	**Bearbeitung der Kernpunkte** (Actstorming, individuelle Bearbeitung etc.)
12.45 Uhr	→	**Abschluss:** Rucksackwand, Stimmungs-Barometer
13.00 Uhr	→	*Ende*

Anmerkung: Die einzelnen Bausteine des Trainings werden in **Kapitel 4** (s. S. 35) und **Kapitel 6** (s. S. 81) erläutert. Dort finden Sie Hinweise zum Ablauf der einzelnen Sequenzen und genaue Beschreibungen der angewandten Methoden.

Aufgaben der Ausbilder

Die beiden Ausbilder tragen Verantwortung für die Einhaltung des Zeitplans und für den Ablauf des Seminars. Sie übernehmen regelmäßig die Begrüßung, die Auswertungsrunden, die Bearbeitung der Kernpunkte und die Abschlussrituale. Am ersten Seminartag sind sie in der Kennenlernphase aktiv, am letzten gestalten sie die Abschlussphase.

die freiwillige Teilnahme an der Ausbildung sichert eine effektive Umsetzung

Während die Schüler eine Einheit durchführen, nehmen die Ausbilder eine Beobachterrolle ein. Sie machen sich anhand des Beobachtungsbogens (S. 65/66) Notizen zum Verlauf der Einheit, sodass sie im Anschluss ein fundiertes Feedback geben können.

Inhaltlich sollten sich die Ausbilder so weit mit jedem Thema auseinandergesetzt haben, dass sie zu jeder Zeit die Einheit übernehmen könnten, für den Fall, dass ein Trainer-Tandem ausfällt.

Die Vermittlung der Gruppenleiterkompetenzen liegt ausschließlich in den Händen der Ausbilder. Sie beschließen, wie die Trainerkompetenzen im Einzelnen erprobt werden und strukturieren die Bearbeitung der Kernpunkte.

Fragen, die zu bestimmten Themen von den Schülern gestellt werden, sollten von den Ausbildern nach bestem Wissen beantwortet werden. Ihnen steht es frei, wann sie solche Informationsrunden auf einer Meta-Ebene zulassen. Die Ausbilder sollten flexibel in Bezug auf den Ablauf sein und sich an der Motivationslage der Gruppe orientieren.

Auswahl der (Oberstufen-)Schüler

Es bietet sich an, Schüler ein und derselben Schule an dem Fair-Streiten-Training teilnehmen zu lassen. Dies erleichtert zum einen die Organisation, zum anderen sind positive Effekte in Bezug auf die Beziehungen zwischen jüngeren und älteren Schülern und damit für das Schulklima zu erwarten. Die Zusammenarbeit ist für alle Beteiligten am effektivsten, wenn sich die Teilnehmer freiwillig angemeldet haben und so Interesse vorausgesetzt werden kann.

Durch Aushänge am schwarzen Brett oder über Einladungen können alle interessierten Schüler der älteren Jahrgänge erreicht werden. Natürlich können Lehrer aber auch einzelne Schüler direkt ansprechen. Denkbar ist auch die Ausbildung eines gesamten Kurses, beispielsweise eines Psychologie- oder Deutschkurses.

Die Schüler sollten möglichst frühzeitig über das längerfristige Ziel informiert werden: Nach ihrer Ausbildung leiten sie über einen Zeitraum von elf Wochen wöchentlich zwei Schulstunden lang das Fair-Streiten-Training in der Orientierungsstufe an. Die daraus resultierende Belastung ist nicht zu unterschätzen.

Bei den zukünftigen Tutoren sollte es sich – das gilt nur für Gymnasien und Gesamtschulen – nach Möglichkeit um (Oberstufen-)Schüler der 11. und 12. Klasse handeln. Schüler der 13. Klasse blieben der Schule nach der Ausbildung nicht lange erhalten. Bei allen anderen Schulformen kommen Schüler des 10. Jahrgangs in Frage. Dennoch sollten interessierte Schüler natürlich nicht ausgeschlossen werden. – Eine Konflikt-Kultur kann sich an einer Schule nur unter Einbezug aller entwickeln!

Zeitliche und räumliche Bedingungen

Für die **Durchführung der Ausbildung** bietet sich besonders gut eine „Projektwoche“ an. Einige Schulen führen auch so genannte „Aktionswochen“ durch.

Eine solche Woche – beispielsweise unter dem Motto *„Konstruktiver Umgang mit Konflikten an der Schule“* – eignet sich ebenfalls hervorragend für das Fair-Streiten-Training. Wird ein gesamter Kurs zu Tutoren ausgebildet, kann dieser vielleicht sogar ausnahmsweise für eine Woche vom Unterricht befreit werden.

Für die Durchführung der Ausbildung empfiehlt sich – wenn möglich – **ein Ort außerhalb des gewohnten Klassenzimmers**.

Die Gruppe sollte gemeinsam eine gemütliche Atmosphäre im Raum schaffen, damit sich alle wohl fühlen und gerne wiederkommen.

Es muss genügend Platz vorhanden sein, um einen Stuhlkreis bilden zu können, eine imaginäre Bühne aufzubauen, Bewegungsübungen durchführen zu können und mit entsprechenden Medien – **Flipchart** (oder Wandtafel), **Metaplanwand** und **Overhead-Projektor** – zu arbeiten. Tische werden nur sehr selten benötigt.

Die Sitzordnung sollte Bewegung und Blickkontakt erlauben. Ein Stuhlkreis hat sich hierbei bewährt. Während der Rollenspielphase wird der Kreis geöffnet, sodass sich ein Halbkreis um eine imaginäre Bühne bildet.

Das Vortreffen

Ungefähr zwei bis drei Wochen vor Ausbildungsbeginn findet ein **Vortreffen** von ca. 90 Minuten Dauer mit den interessierten Schülern statt. Dort erhalten sie neben den wichtigsten Informationen über die Ausbildung vor allem die Materialien, die sie für die Vorbereitung und Durchführung ihrer Einheit benötigen.

Die jeweils zu einer Einheit gehörenden Seiten und Arbeitsblätter müssen dazu vorab in ausreichender Anzahl kopiert werden.

Zudem erhalten die Schüler ein zweiseitiges Informationsblatt mit Tipps für den Trainer (s. Anhang, S. 175/176), sowie den Zeitplan der Ausbildung (S. 20–24), damit sie wissen, wann sie mit ihrer Einheit an der Reihe sind. Diese Papiere werden gemeinsam mit den benötigten Arbeitsmaterialien am besten in einer Mappe zusammengeheftet jedem Trainer-Tandem übergeben.

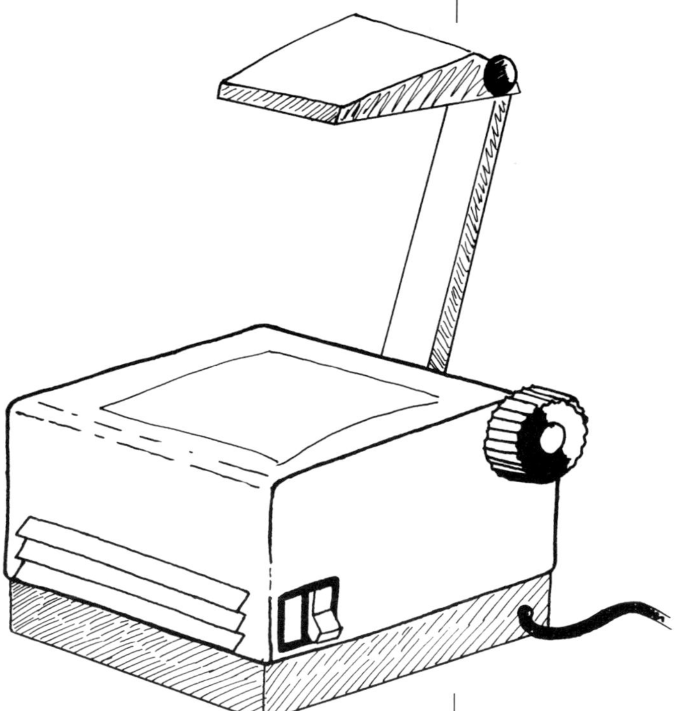

Ein **Vortreffen** kann folgendermaßen ablaufen:

Inhalt	Erläuterung
Begrüßung	Die beiden Ausbilder begrüßen die Schüler und stellen sich vor.
Kennenlernrunde	In einer kurzen Runde findet ein erstes Kennenlernen der angehenden Tutoren statt.
Ablauf des Treffens vorstellen	Dafür wird dieser vorgeschlagene Ablauf visualisiert.
Sinn und Ablauf der Ausbildung erläutern	Informationen dazu werden diesem Handbuch entnommen.
Erwartung an die angehenden Tutoren	Die Ausbilder zeigen auf, was sie von den Schülern erwarten: **Vorbereitung und Anleitung einer Einheit, verbindliche Teilnahme, aktive Mitarbeit im Seminar.** Im Anschluss: Einsatz als Tutoren
Bildung der Trainer-Tandems	Es bilden sich Trainer-Tandems, im Notfall auch Dreiergruppen.
Zuordnung der Trainer-Tandems zu den Einheiten	Jedes Tandem entscheidet sich für eine Einheit. Die Namen werden auf einer Liste notiert.
Verteilung der Vorbereitungsmaterialien	Die Mappen mit den Arbeitsmaterialien werden verteilt und mit den Teilnehmern gemeinsam besprochen.
Einladung zu Rückfragen	Die Ausbilder laden die Schüler ein, sich bei Rückfragen (die sich bei der Vorbereitung der Einheiten ergeben) telefonisch an sie zu wenden.

Ablauf der Ausbildung

Der Ablauf der Ausbildung kann wie in der folgenden Übersicht aufgelistet aussehen (S. 20–24).

In der rechten Spalte finden Sie Angaben darüber, wo genau im Handbuch oder im Fair-Streiten-Training Sie als Ausbilder Zusatzinformationen zum Inhalt finden.

Die Einheiten, die von den Schülern selbst durchgeführt werden, sind grau unterlegt.

Diese Einheiten bereiten die Schüler mit Hilfe der ihnen überreichten Materialien selbstständig vor. Die Ausbildern nehmen während dieser Zeit „nur" die Rollen der Beobachter ein.

1. Tag: Kennenlernen – Einheit 1 – Einheit 2 – Bearbeiten der Kernpunkte

Zeit	Inhalte	Seite
8.00	**Einheit 1: Begrüßung**	82
	Stabrunde mit Gefühlskarten ein- und durchführen	82
	Namensspiel: „Wollknäuel“	112
	Input: Absicht und Sinn des Trainings erläutern	113
	Input: Rahmen des Trainings	113
	Kennenlernspiel: „Bingo“	114
	Erwartungen an die Teilnehmer nennen: • Aktive Teilnahme, Ausprobieren, • Übungen akzeptieren und mitmachen, auch wenn sie „kindisch“ erscheinen, • Störungen haben Vorrang, • Pausen einfordern, • Pünktlichkeit, • Vertraulichkeit	
	Input: Regeln für die Gruppe	83
	Motivation der Teilnehmer	85
	Wünsche und Befürchtungen	84
	Zusammenfassung von **Einheit 1**	112–117
9.45	*Pause*	
10.00	**Einheit 2: Einstieg in das Thema „Konflikte“**	118–123
	Warming-up: „Reise nach Jerusalem verkehrt herum“	39
	Mal-Aktion: Konfliktbilder malen	36
	Übung: „Paddelboot“	41
11.15	Auswertung und Feedback für das Trainer-Tandem	63
	Einführung der Feedback-Regeln	32
	Kernpunkte sammeln	67
11.30	*Pause*	
11.45	Einführung des Ideenspeichers	42
	Durchführung des Ideenspeichers für die ersten 2 Einheiten	
12.00	Gewichtung der Kernpunkte mit Klebepunkten	67
	Bearbeitung der Kernpunkte	
12.45	Ein- und Durchführung der Rucksackwand	43, 79
	Ein- und Durchführung des Stimmungs-Barometers	86
13.00	*Schluss*	

2. Tag: Einheit 3 – Einheit 4 – Bearbeiten der Kernpunkte

Zeit	Inhalte	Seite
8.00	Begrüßung	82
	Stabrunde mit Gefühlskarten	82
	**Einheit 3: Verhalten in Konflikten – Faires Streiten**	124–127
	Warming-up: „Kochlöffelspiel“	39
	Input: Brainstorming	38, 40
	Übung: Brainstorming	41
	Rollenspielphase	37
9.30	Auswertung und Feedback für das Trainer-Tandem	63
	Sammeln der Kernpunkte	67
	Ideenspeicher	42
9.45	*Pause*	
10.00	**Einheit 4: Umgehen mit Wut und sich selbst beruhigen**	128–135
	Warming-up: „Grenzüberschreitung“	39
	Input: Umgehen mit Wut und sich selbst beruhigen	26, 40
	Arbeitsblatt (Einzelarbeit): „Wenn ich richtig wütend bin“	41
	Rollenspielphase: Provoboter	37
	Übung: „Rück(en)meldung“	41
11.15	Auswertung und Feedback für das Trainer-Tandem	63
	Sammeln der Kernpunkte	67
	Ideenspeicher	42
11.30	*Pause*	
11.45	Gewichtung der Kernpunkte mit Klebepunkten	67
	Bearbeitung der Kernpunkte, Actstorming	75
12.45	Rucksackwand	43, 79
	Stimmungs-Barometer	86
13.00	*Schluss*	

3. Tag: Einheit 5 – Einheit 6 – Bearbeiten der Kernpunkte

Zeit	Inhalte	Seite
8.00	Begrüßung	82
	Stabrunde mit Gefühlskarten	82
	**Einheit 5: Gefühle bei sich selbst und anderen wahrnehmen**	136–139
	Warming-up: „Geburtstagskette"	39
	Übung: „Gefühle einfrieren"	41
	Rollenspielphase	37
9.30	Auswertung und Feedback für das Trainer-Tandem	63
	Sammeln der Kernpunkte	67
	Ideenspeicher	42
9.45	*Pause*	
10.00	**Einheit 6: Positionen und Interessen unterscheiden – Verhalten und was dahinter steckt**	140–145
	Warming-up: „Pinguine und Flamingos"	39
	Trainer-Demonstration: „Streit um eine Orange"	38
	Input: Positionen und Interessen unterscheiden	27, 40
	Rollenspielphase	37
11.15	Auswertung und Feedback für das Trainer-Tandem	63
	Sammeln der Kernpunkte	67
	Ideenspeicher	42
11.30	*Pause*	
11.45	Gewichtung der Kernpunkte mit Klebepunkten	67
	Bearbeitung der Kernpunkte, Actstorming	75
12.45	Rucksackwand	43, 79
	Stimmungs-Barometer	86
13.00	*Schluss*	

4. Tag: Einheit 7 – Einheit 8 – Bearbeiten der Kernpunkte

Zeit	Inhalte	Seite
8.00	Begrüßung	82
	Stabrunde mit Gefühlskarten	82
	Einheit 7: Ich-Botschaften formulieren	146–151
	Warming-up: „1, 2 oder 3“	39
	Input: Ich-Botschaften	29, 40
	Arbeitsblatt: „Ich-Botschaften formulieren“	41
	Rollenspielphase	37
9.30	Auswertung und Feedback für das Trainer-Tandem	63
	Sammeln der Kernpunkte	67
	Ideenspeicher	42
9.45	*Pause*	
10.00	**Einheit 8: Gut zuhören**	152–157
	Warming-up: „Meier gegen Geier“	39
	Trainer-Demonstration: „Gut und schlecht zuhören“	38
	Input: Gut zuhören – wie geht das?	30, 40
	Übung: „Zickzack-Dialog“	41
	Rollenspielphase	37
11.30	Auswertung und Feedback für das Trainer-Tandem	63
	Sammeln der Kernpunkte	67
	Ideenspeicher	42
11.45	*Pause*	
12.00	Gewichtung der Kernpunkte mit Klebepunkten	67
	Bearbeitung der Kernpunkte, Actstorming oder individuelles Üben der Trainerkompetenzen	75/76
12.45	Rucksackwand	43, 79
	Stimmungs-Barometer	86
13.00	*Schluss*	

5. Tag: Einheit 9 – Einheit 10 – Einheit 11 – Bearbeiten der Kernpunkte – Feedback

Zeit	Inhalte	Seite
8.00	Begrüßung	82
	Stabrunde mit Gefühlskarten	82
	**Einheit 9: Sich selbst behaupten**	158–163
	Warming-up: „Laute Mauer“	39
	Input: Sich selbst behaupten	31, 40
	Übung: „Ja-/Nein-Spiel“	41
	Rollenspielphase	37
9.15	Auswertung und Feedback für das Trainer-Tandem	63
	Sammeln der Kernpunkte	67
	Ideenspeicher	42
9.30	*Pause*	
9.45	**Einheit 10: Konflikte fair lösen**	164–167
	Warming-up: „Armdrücken“	39
	Input: Konflikte fair lösen	32, 40
	Rollenspielphase	37
11.00	Auswertung und Feedback für das Trainer-Tandem	63
	Sammeln der Kernpunkte	67
	Ideenspeicher	42
11.15	*Pause*	
11.30	Gewichtung der Kernpunkte mit Klebepunkten	67
	Bearbeitung der Kernpunkte, Actstorming oder individuelles Üben der Trainerkompetenzen	75/76
12.15	Rucksackwand	43, 79
	**Überblick über Einheit 11** des Fair-Streiten-Trainings	168–170
	Feedback-Bögen ausfüllen	172
	Verteilen der Urkunden	171
	Stimmungs-Barometer und Abschiedsrunde	86
13.00	*Schluss*	

Fair streiten lernen
© Verlag an der Ruhr
Postfach 10 22 51
45422 Mülheim an der Ruhr
www.verlagruhr.de

Konfliktfähigkeit

Kapitel 2

Die Fähigkeit, Konflikte zu erkennen, sich ihnen zu stellen und sie fair und gewaltfrei auszutragen, ist nicht angeboren. Im Gegenteil – Konfliktfähigkeit muss erlernt werden.

Die Kompetenzen zur Verbesserung der Konfliktfähigkeit, die im Fair-Streiten-Training vermittelt werden sollen, stellen eine Synthese aus den Inhalten von bestehenden Schulprogrammen dar.

Die Reihenfolge der Fertigkeiten ist so gewählt, dass zu Beginn **grundlegende Kompetenzen** erlernt werden. Diese sind teilweise Bestandteile der folgenden Fertigkeiten.

Im folgenden Kapitel werden zu jeder der Fertigkeiten kurz die Hintergrundinformationen vorgestellt. Ihnen folgen die Lernziele.

1 Konflikte positiv bewerten

Hintergrund: Während Konflikte für die meisten Menschen negativ besetzt sind, wird im Fair-Streiten-Training darauf Wert gelegt, dass die Schüler Konflikte als Chance zur Verbesserung von Beziehungen begreifen und sie in diesem Sinne konstruktiv nutzen.

Es werden so genannte „win-win-Lösungen" aufgezeigt – d.h. Konfliktausgänge, bei denen beide Seiten als Gewinner hervorgehen.

Lernziele:

- x eine positive Haltung gegenüber Konflikten entwickeln
- x Verantwortung für eine Konfliktlösung teilen
- x auf physische und psychische Gewalt verzichten

2 Impulskontrolle

Hintergrund: ***„Wenn du wütend bist, zähle bis zehn, bevor du sprichst; wenn du sehr wütend bist, bis hundert."***
(Jefferson nach Tavris, 1992, S. 129)

Bei der Impulskontrolle sollen Wege aufgezeigt werden, wie man die eigene Wut in den Griff bekommen kann. Diese Selbstkontrolle, mit aggressiven Impulsen während eines Konflikts besser umgehen zu können, ist ein Ziel des Fair-Streiten-Trainings.

Hierzu werden Selbstinstruktionen erarbeitet, die sich die Trainingsteilnehmer in kritischen Situationen sagen können, z.B. „Tief durchatmen. Bleib gelassen."

Entspannungsfördernde und ermutigende Sätze sollen dabei wie Formeln angewandt werden.

Lernziele:

- x Selbstberuhigung anwenden
- x eigene aggressive Gefühle im Konflikt wahrnehmen

3 Gefühle erkennen und ausdrücken

Hintergrund: Körpersprache unterstützt in erster Linie die Vermittlung von Emotionen. Sie wird in der Regel nicht bewusst eingesetzt, ist aber ein bedeutsamer Teil des Kommunikationsprozesses.

Selbstverständlich kann auch die Sprache dem Interaktionspartner Gefühle mitteilen: durch die Sprechweise – Lautstärke, Tongebung, Sprechrhythmus – und durch die Bedeutung des gesprochenen Wortes. Unterbrechungen und Störungen des Sprachflusses und Veränderungen der Stimme sind ebenfalls Hinweise für verschiedene Befindlichkeiten.

Wenn es gelingt, Gefühle bei anderen zu erkennen und sie richtig zu interpretieren, kann das gegenseitige Verständnis gefördert werden.

Lernziele:

- × den Zusammenhang von Gefühl, Körperhaltung, Mimik, Handlung und Sprache erkennen
- × eigene Gefühle und die Gefühle des Streitpartners erkennen und benennen
- × Einfühlungsvermögen entwickeln
- × zur Wahrnehmung eigener Gefühle fähig sein

4 Positionen und Interessen unterscheiden

Hintergrund: Eine Position ist ein Standpunkt, den ich anderen gegenüber durchsetzen möchte. Sie selbst ist oft bereits das Ergebnis eines Konfliktes. Positionen sollen in diesem Sinne allgemeingültig und einzig richtig erscheinen, damit sie mehr Durchsetzungskraft haben. Die von außen leicht erkennbaren Positionen werden bekämpft, sie werden angegriffen und verteidigt. Dabei verhärten sich oft die Fronten, und der Konflikt eskaliert.

Jeder Position liegen Bedürfnisse und Interessen zu Grunde: Das, was jemand eigentlich für sich beanspruchen möchte sowie materielle Interessen oder emotionale Bedürfnisse.

Die Konfliktpartner können sich nur dann annähern, wenn sie ihre Interessen und Bedürfnisse preisgeben bzw. die des anderen kennen lernen.

Konflikte scheinen an der Oberfläche häufig schädlich und unüberbrückbar, weil keinerlei Gemeinsamkeiten erlebt werden (siehe Abb. unten, Redlich, 2000).

Die Konfliktpartner sind weit voneinander entfernt. Unterhalb der Oberfläche lassen sich hingegen Gemeinsamkeiten finden – im Bereich der Hintergründe und Wünsche und im emotionalen Bereich. Hier liegt die Basis für gegenseitiges Verständnis: *„Mir ginge es genauso wie dem anderen, wenn ich an seiner Stelle wäre."*

Lernziele:

- eigene Bedürfnisse erkennen und artikulieren
- Bedürfnisse des Streitpartners erfragen
- zur Annäherung von Standpunkten fähig sein

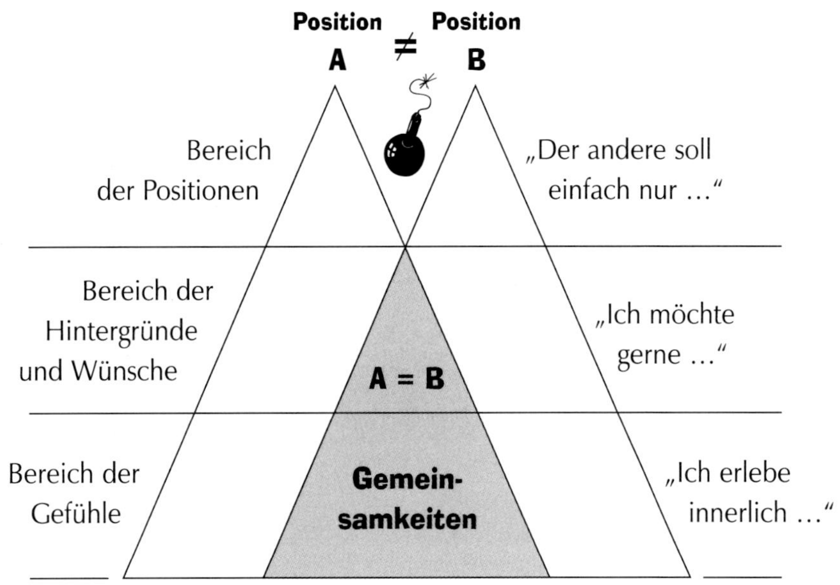

Muster interpersoneller Konflikte

(nach Redlich, 2000)

5 Ich-Botschaften formulieren

Hintergrund: Eine **Ich-Botschaft** ist eine Aussage mit einem hohen „Selbstoffenbarungsanteil". Man versucht, das eigene Anliegen und die eigenen Gefühle zu benennen und zu begründen, ohne die andere Person anzugreifen. Das heißt, man problematisiert ein *konkretes Verhalten* und *nicht die Person selbst*.

Durch eine **Du-Botschaft** dagegen fühlen sich Menschen in der Regel angegriffen und herabgesetzt, denn sie vermittelt eine direkte, bewertende Meinung der angesprochenen Person gegenüber, aber nur eine indirekte Information über den Angreifer selbst, d.h. seine Gefühle, Denkweisen, Bedürfnisse etc. Dies führt dazu, dass der Empfänger der Botschaft seinerseits mit Aggressionen gegen den Sender reagiert.

Ich-/Du-Botschaften unterscheiden und anwenden

Ich-Botschaften können diese Spirale von Aggressionen durchbrechen. Drückt der Sender seine persönliche Empfindung aus, verbunden mit einem konkreten Wunsch an den Empfänger, liegt es in dessen Ermessen, auf die Forderung einzugehen oder es zu lassen.

Der Aufbau von Ich-Botschaften

Nennen eines Gefühls	*„Ich bin ...,"*
Nennen des Auslösers	*„... wenn du ..., "*
Begründung	*„... weil ..."*
Erwartung	*„und ich möchte, ..."*

Beispiel: *„**Ich bin** wütend, **wenn du** deine Sachen überall herumliegen lässt, **weil** ich ständig darüber stolpere und **ich möchte daher**, dass du in Zukunft etwas mehr Ordnung hältst."*

Der Hinweis, dass auch verkürzte Ich-Botschaften zulässig sind, ist wichtig. In vielen Fällen genügt die Nennung des Gefühls mit einer Begründung oder auch die Nennung des Gefühls und der damit verbundenen Erwartung an den anderen.

Lernziele:

- × persönliches Empfinden durch Ich-Botschaften ausdrücken
- × (Änderungs-)Wünsche formulieren statt den Streitpartner anzugreifen

6 Aktiv Zuhören

Hintergrund:

Thomas Gordon, ein Schüler von Carl Rogers (siehe Kurzportrait im Anhang, S. 179), hat das aktive Zuhören zum ersten Mal im Zusammenhang mit einem partnerzentrierten Gespräch – aus der klientenzentrierten Gesprächspsychotherapie – eingeführt.

Man versteht darunter eine Haltung dem Gesprächspartner gegenüber mit den Merkmalen: *Echtheit/Ehrlichkeit, Interesse/Anteilnahme, Wertschätzung und Akzeptanz*. Diese Haltung wird durch verschiedene Aktivitäten so zum Ausdruck gebracht, dass sie der zu Beratende deutlich spürt und sich aufgrund dessen verstanden fühlt.

Aktives Zuhören bringen z.B. folgende Handlungsweisen zum Ausdruck:

nonverbal:

- mit dem Körper, dem Gesicht zugewendet sein
- Blickkontakt aufnehmen und halten
- stimmige Gesten ausführen, mit dem Kopf zustimmend nicken
- den anderen ausreden lassen
- eigene Ideen und Meinungen zurückstellen

verbal:

- kurze Verbale Impulse geben *(„Ja.", „Mmmmh …")*
- Äußerungen mit eigenen Worten wiederholen (paraphrasieren)
- Gefühle benennen und unterschwellige Botschaften verbalisieren
- fragen, nachfragen (aber nicht nachbohren), klären
- evtl. Assoziationen mitteilen *(„Mir fällt dazu ein …")*

Wenn das aktive Zuhören nicht zum persönlichen Stil passt, dann kann es vom Gegenüber als „Nachgeäffe" empfunden werden. Die Gefahr besteht dann, wenn die angehenden Tutoren das aktive Zuhören nur als *Technik* verstehen und losgelöst von ihren eigenen Grundhaltungen und Gefühlen anwenden.

Dadurch entsteht genau das Gegenteil der eigentlichen Intention, nämlich Unechtheit und Wirkungslosigkeit. Auf diese Gefahr sind die Schüler entsprechend hinzuweisen. Man kann nur aktiv zuhören, wenn man wirklich verstehen will, was in dem anderen vorgeht.

Lernziele:

- x aufmerksam zuhören können
- x Einfühlungsvermögen entwickeln
- x auf den Konfliktpartner eingehen
- x Gefühle des Streitpartners erkennen und benennen
- x gegenseitiges Verständnis entwickeln

7 Sich selbst behaupten

Hintergrund: ***„Gewaltfreie Selbstbehauptung heißt, eigene Bedürfnisse und Wünsche durchsetzen zu können, ohne anderen dabei zu schaden.“*** *(Walker 1995, S. 22)*

Das heißt, es soll das Verhalten ausgewählt werden, das am besten dem eigenen Standpunkt nützt und dabei das Gegenüber am geringsten einschränkt.

Die folgende Tabelle zeigt, welche sprachlichen und nonverbalen Mittel trainiert werden können, um sich in Konfliktsituationen behaupten zu können:

Selbstbehauptung durch Sprache	**Selbstbehauptung durch Körpersprache**
• in einem Satz sagen, was du willst • evtl. Grund für die Forderung/ den Wunsch angeben • Standpunkt wiederholen, wenn nötig immer wieder • feste Stimme • den anderen mit Namen ansprechen	• Blickkontakt halten • passender Gesichtsausdruck • aufrechte Körperhaltung, zugewandt und möglichst entspannt • ca. eine Armlänge Abstand

Eine selbstsichere Aussage ist folgendermaßen aufgebaut:

• **Standpunkt formulieren**	*„Ich möchte (nicht) …“*
• **den Grund (oder die Gründe) nennen**	*„weil ich …“*
• **Standpunkt wiederholen**	*„und darum möchte ich (nicht) …“*

Fazit: Fair Streiten bedeutet, einen Weg zu finden, wie man die eigene Position vertreten kann, ohne dem anderen die seine abzusprechen.

Lernziele:
- ✗ eigene Grenzen setzen und auf ihre Einhaltung bestehen
- ✗ deutlich und freundlich den eigenen Standpunkt vertreten

8 Konflikte konstruktiv austragen

Hintergrund: Zum Ende des Trainings sollen alle bis dahin einzeln trainierten Fertigkeiten zusammenfließen. Nach dem Trainingsmotto – „Fair Streiten“ – sollen die Schüler hier die Möglichkeit erhalten, Konflikte mit fairen Ausgängen zu proben.

Erinnert wird noch einmal an die „win-win-Lösungen“. Oft ist schon viel erreicht, wenn beide Seiten sich darauf einlassen, gemeinsam nach alternativen Lösungsmöglichkeiten zu suchen, statt ihre ganze Kraft darauf zu verwenden, ihre ursprünglich eingenommenen Positionen durchzusetzen.

Lernziele:

- ✗ Fähigkeit zur Kooperation entwickeln
- ✗ konstruktive Konfliktlösungen finden

9 Feedback geben und annehmen

Hintergrund: Feedback ist eine Rückmeldung an eine Person. Sie ist bezogen auf das Verhalten der Person und die dadurch ausgelöste Wirkung.

„Beobachtungen sollen als Beobachtungen dargestellt werden, Gefühle als Gefühle und Vermutungen als Vermutungen.“
(Berner 1983, S. 386)

Feedback ist immer die subjektive Meinung des Feedback-Gebers. Diese Betonung ist insofern wichtig, als dass es demjenigen, der die Rückmeldung empfängt, die Freiheit lässt, diese Meinung für bedeutsam zu halten oder sie als nichtig einzustufen.

Wenn die Teilnehmer lernen, Kritik fair zu äußern, wird es ihnen nach und nach auch leichter fallen, eigene Fehler einzugestehen.

Sowohl für den Feedback-Geber als auch den -Empfänger gibt es einige Regeln zu beachten.

Regeln für den **Feedback-Geber**

- Gib das Feedback nur, wenn der Empfänger aufnahmebereit ist.
- Mache dir bewusst, das du nur deine Erfahrung, dein Erleben mitteilst und nicht eine objektive Tatsache.
- Beziehe das Feedback auf eine möglichst konkrete Situation, und unterstreiche diese durch die Angabe von Beispielen.
- Lass neben deinen auch andere Wahrnehmungen zu.
- Sei offen und ehrlich, überlege aber auch, wann du wem wie viel sagen willst.
- Achte darauf, dass die Kritik für den Adressaten annehmbar ist.
- Bringe keine Interpretation in das Feedback ein.

Regeln für den **Feedback-Empfänger**

Feedback-Regeln helfen, konstruktiv Kritik zu äußern

- Höre aufmerksam zu.
- Verteidige und rechtfertige dich nicht.
- Frage nach, wenn du nicht verstanden hast, was der andere dir sagen will.
- Lasse Feedback nur zu, wenn du dich aufnahmebereit fühlst.
- Unterbreche das Feedback, wenn es dir zu weit geht.

Lernziele:
- × Fähigkeit zur Kritik und Selbstkritik entwickeln
- × Kritik in das eigene Denken und Handeln integrieren
- × im Konflikt eine Annäherung finden

Kapitel 3

Vermittlungsmethoden: Konfliktfähigkeit

Im Fair-Streiten-Training – und damit auch in der Ausbildung zum Fair-Streiten-Trainer – werden viele unterschiedliche Methoden und Techniken eingesetzt, die eine abwechslungsreiche und ansprechende Vermittlung der Konfliktkompetenzen gewährleisten. Das faire Streiten wird praxisnah gelernt.

Im Folgenden werden die Methoden und Medien des Fair-Streiten-Trainings nacheinander vorgestellt.

Den wiederkehrenden Methoden/Medien sind jeweils Symbole zugeordnet, die Ihnen die Orientierung im Ablauf des Trainings erleichtern sollen.

Konfliktbilder

Während der Ausbildung sollte möglichst direkt an den persönlich erlebten Konflikten der Jugendlichen gearbeitet werden. Der Entwurf von *Konfliktbildern* zu Beginn des Seminars ist eine gute Möglichkeit, Informationen über Konflikt-Erfahrungen der Teilnehmer zu gewinnen.

Hierzu malen alle Schüler eine Situation, in der sie Streit hatten. Bei dem Entwurf der Konfliktbilder geht es nicht um einen Malwettbewerb. Erlaubt ist, was gefällt: Comics, Strichmännchen, Bildergeschichten usw.

Bezug zur Lebenswirklichkeit der Schüler herstellen

Im Anschluss an die Mal-Aktion stellt jeder Teilnehmer sein Konfliktbild vor. Dabei ist es wichtig, dass die Ausbilder die Konflikt-Erfahrungen der Jugendlichen ernst nehmen. Dies machen sie unter anderem durch aktives Zuhören deutlich. Gerade an kleinen Auseinandersetzungen, die immer wieder vorkommen, können die Jugendlichen lernen, ihr eigenes Verhalten und das ihrer Klassenkameraden kritisch zu beobachten.

Zur Präsentation der Arbeitsergebnisse werden alle Bilder an einer Metaplanwand (oder Wandtafel) befestigt, die während des gesamten Seminars sichtbar sein sollte.

Den Teilnehmern wird angekündigt, dass diese oder leicht abgewandelte Konflikte im Verlauf der Ausbildung möglichst als Ausgangssituationen für die Rollenspiele genutzt werden sollen. Dies ist besonders wichtig, weil die Rollenspiele im Fair-Streiten-Training für jüngere Schüler konzipiert sind und somit – wenn sie von den älteren Schülern gespielt werden – als künstlich und gestellt empfunden werden.

Die (Oberstufen)-Schüler können sich leichter in Situationen hineinversetzen und Lösungen antizipieren, wenn die dargestellten Fälle realistisch sind und ihrer Lebenswirklichkeit entsprechen.

Um realistische Lernerfahrungen sammeln zu können, sollten die einzelnen Trainer-Tandems also nach Möglichkeit auf die Konflikte aus den Bildern zurückgreifen und die Rollenspielphasen dementsprechend modifizieren.

Wenn der Konflikt eines Schülers in der Rollenspielphase bearbeitet werden soll, ist es notwendig, sich die Erlaubnis bei dem Maler einzuholen. In der Regel sind die Schüler damit einverstanden und stolz darauf, wenn ihr „Problem" behandelt wird.

Es sollten jedoch auf jeden Fall andere Namen für die Protagonisten vergeben und entsprechende Namensschilder geschrieben werden.

Vorteile:

- Die Schüler erhalten einen persönlichen Bezug zum Thema.
- Die Übertragbarkeit auf die eigene Lebenswirklichkeit erhöht die Motivation.
- Es werden neue Ausgangssituationen für Rollenspiele gewonnen.

Rollenspiel

Ein *Rollenspiel* ist ein komplexes Spiel zur Erkundung konkreter Handlungs- und Verhaltensmöglichkeiten, die den Jugendlichen in bestimmten Situationen zur Verfügung stehen. Schauspielerisches Können ist beim Rollenspiel nicht notwendig. Vielmehr geht es um realistisches Verhalten der Schüler in einer vorgegebenen Konfliktsituation.

Folgendes Schema für die Struktur der Rollenspielphase hat sich bewährt:

1. Hinführung zum Rollenspiel
2. Präsentation einer Problemszene
3. Erarbeitung von Fortsetzungen (Brainstorming oder Gruppenarbeit)
4. Spielen der Szene mit einer fairen Lösung, d.h. ohne Gewaltanwendung und derbe Beleidigungen
5. Auswertungsrunde (Reflexion)

Wie sich die Rollenspielphase genau gestaltet, entnehmen Sie bitte den Erklärungen auf Seite 56. Dort erfahren Sie, wie ein Gruppenleiter das Rollenspiel anleitet und wie die Abfolge der einzelnen Schritte während dieser Phase ist.

Jede Szene besteht aus einem kurzen Anspielen der Konfliktsituation von maximal fünf Minuten Dauer. Für die gesamte Rollenspielphase – inklusive Auswertung – werden insgesamt etwa 45 Minuten pro Einheit eingeplant. In der Rollenspielphase sollten sich nach Möglichkeit alle Teilnehmer beteiligen.

Vorteile:

- Die spielerische Umsetzung erleichtert das Experimentieren mit Verhaltensweisen.
- Konfliktsituationen werden besser erkannt, durchschaut und bewältigt, da die Schüler im Kontext handeln.
- Der Transfer von (erprobten) Verhaltensweisen in den Alltag wird erleichtert.
- Durch das Einnehmen verschiedener Rollen werden alternative Reaktionen ausprobiert und auf ihre Anwendbarkeit geprüft.
- Die Konsequenzen des eigenen Verhaltens können durch die Reaktionen der Mitspieler erahnt werden.
- Situationen können aus der Perspektive einer anderen Person gesehen werden.
- Die Zuschauer lernen am Modell.

spielerisch Handlungsalternativen erkunden

Trainer-Demonstration

Um den Einstieg in ein bestimmtes Thema möglichst praktisch zu gestalten, führen die Trainer-Tandems an einigen Stellen des Fair-Streiten-Trainings so genannte *Trainer-Demonstrationen* durch.

So wird beispielsweise in der **Einheit 6** („Positionen und Interessen unterscheiden“) eine Szene von dem Trainer-Tandem angespielt, die den Sinn der Einheit anschaulich vermitteln soll. Die Tandems können auch in der Rollenspielphase selbst mögliche Konfliktausgänge demonstrieren, damit Modelllernen möglich wird.

Übertragbar ist diese Forderung nach aktiver Beteiligung auch auf die Ausbilder. Für die Gruppe und für das anleitende Trainer-Tandem ist es sehr motivierend, wenn auch die Ausbilder aktiv am Training teilnehmen.

Ideen entwickeln und umsetzen

So können sie beispielsweise Szenen anspielen, die von keiner Gruppe ausgewählt wurden.

Vorteile:

- Die Schüler trauen sich eher, Rollen zu übernehmen und Szenen anzuspielen, wenn die Ausbilder selbst auch etwas vormachen.
- Die Ausbilder wie die angehenden Fair-Streiten-Trainer haben eine Vorbildfunktion für die Gruppe und fördern durch ihre aktive Teilnahme am Training das Modelllernen.

Brainstorming

Brainstorming ist eine bewährte Methode, die den Austausch von Ideen und die Kreativität fördert. Sie geht auf den amerikanischen Kreativitätsforscher und Werbefachmann Alex E. Osborn zurück.

Es ist eine Technik, die es möglich macht, zu einer genau definierten Aufgabe viele Vorschläge zur Durchführung oder Lösung zu sammeln.

Oftmals wird die Kreativität einer Gruppe durch zu früh einsetzende und destruktive Kritik, Zensur oder Diskussion gehemmt.

Aus diesem Grund wird beim Brainstorming die kritische Beurteilung der Ideen einfach auf einen späteren Zeitpunkt verschoben.

Folgende Regeln sollten beim Brainstorming befolgt werden:

1. So viele Ideen sollen so schnell wie möglich genannt werden.
2. Die Ideen anderer können aufgegriffen und weiterentwickelt werden.
3. Alles wird aufgeschrieben – ohne zu strukturieren oder zu selektieren.
4. Kommentare und Kritik sind verboten.

Erst nach dem Brainstorming werden die Ideen nach Kriterien sortiert, auf die sich die Gruppe geeinigt hat. Die Frage der Machbarkeit sollte dabei erst als letztes Kriterium angewendet werden.

Erst wenn das „Ideenfeuerwerk" beendet ist, werden die besten Ideen ausgewählt. Brainstormings tragen der Forderung Rechnung, dass im Prozess der gewaltfreien Konfliktaustragung am Anfang niemand wissen kann, wie die Lösung aussehen wird.

Vorteile:

- Durch den Verzicht auf Bewertung wird der Mut zur Kreativität belohnt und gefördert.
- Durch das Zulassen phantasievoller Lösungen werden oft ganz neue und ungewöhnliche Einfälle gewonnen.

Actstorming

Das *Actstorming* ist eine von Alexander Redlich entwickelte Methode. Sie geht zurück auf das Brainstorming und gründet auf der Methode des verhaltenstherapeutischen Rollenspiels.

Die Gemeinsamkeit der beiden Methoden, Brain- und Actstorming, liegt in der Schnelligkeit der Ideensuche: beim Brainstorming auf kognitiver, beim Actstorming auf der Handlungsebene.

Bei dem im Fair-Streiten-Training angewendeten Actstorming geht es um das situationsgebundene Erproben von Verhaltensweisen: Alle Seminarteilnehmer spielen eine Schlüsselszene wiederholt nach und bieten Handlungsalternativen zu einer definierten Ausgangssituation.

Vorteile:

- Innerhalb kurzer Zeit werden verschiedene Lösungsmöglichkeiten entwickelt und angespielt.
- Actstorming fördert durch die Vermeidung von Einschränkung die Kreativität.

Warming-up

Wie der Name schon sagt, dienen *Warming-ups* dem Aufwärmen, d.h. dem „Auftauen" der Teilnehmer.

Im Fair-Streiten-Training und damit auch in der Tutoren-Ausbildung findet zu Beginn jeder Einheit ein solches themenunabhängiges Warming-up statt. Pro Seminartag sind es also meist zwei Aufwärmspiele. Mit jedem wird bewusst ein neuer Einstieg in die folgende Einheit geschaffen.

lebendig in ein Thema einsteigen

Die verschiedenen Warming-ups werden detailliert im Fair-Streiten-Training beschrieben. Sie sind austauschbar und können jederzeit um andere spielerische Elemente ergänzt werden.

Vorteile:

- Warming-ups ermöglichen den Teilnehmern einen lebendigen Einstieg in ein Thema.
- Warming-ups fördern den Gruppenzusammenhalt.
- Warming-ups machen Spaß.

handelnd Ideen umsetzen

Zuruf-Frage

Die *Zuruf-Frage* dient den Ausbildern bzw. Trainer-Tandems dazu, spontan Meinungen und Ideen zu einem bestimmten Aspekt zu erfragen. Zuruf-Fragen werden im Verlauf einer Einheit „in den Raum geworfen". Die Antworten der Teilnehmer können dann am Flipchart notiert werden.

Vorteile:

- Es werden ohne große Vorarbeit unterschiedliche Meinungen und Ideen zusammengetragen.
- Die Teilnehmer können sich spontan zu einem Thema äußern.

Informationen vermitteln

Kartenabfrage

Im *Gegensatz zur Zuruf-Frage* erfolgt die *Kartenabfrage* nicht spontan. Die Teilnehmer erhalten Kartei- oder Metaplankarten, auf denen sie in Kleingruppenarbeit ihre Ideen, Meinungen und Vorschläge zu einem Thema oder Problem notieren.

Ideen und Meinungen erfragen

Im Anschluss daran werden die Karten strukturiert an der Metaplanwand angebracht und die Beiträge besprochen.

Vorteile:

- Die Teilnehmer haben bei der Kartenabfrage mehr Zeit, sich zu einer Frage Gedanken zu machen.
- In der Kleingruppe findet ein Austausch der Ideen statt; so kommen mehr konstruktive Beiträge zustande.
- Die Kärtchen müssen an der Metaplanwand angebracht werden. Dabei üben die Teilnehmer bzw. die angehenden Tutoren, Beiträge übersichtlich zu strukturieren.

Input

Ein *Input* ist eine *theoretische Information* der Ausbilder bzw. des moderierenden Trainer-Tandems an die Teilnehmer.
Im Gegensatz zum sonstigen, eher interaktiven Charakter des Trainings erfolgt diese Phase in Form von Frontal-„Unterricht". – Wie jede frontal ausgerichtete Unterrichtsphase sollte ein Input möglichst kurz gehalten werden.

Inputs stehen meist am Anfang einer Einheit – nach dem Warming-up – und werden in einer anschließenden Übung konkret umgesetzt.

Diese kurzen „Informationsblöcke" können auch im Anschluss an eine Auswertungsrunde eingeschoben werden – nachdem sich alle Teilnehmer intensiv mit einem Thema auseinandergesetzt haben und aufnahmebereit für weitere Informationen sind.

Zum besseren Verständnis der Inputs wird die Verwendung von Visualisierungshilfen empfohlen (s. S. 53/54). Diese Notizen, z.B. Regeln, sollten während der Einheit gut sichtbar angebracht sein, damit die Schüler daraus Hilfe beziehen können.

Die Schüler der älteren Jahrgänge können erfahrungsgemäß mehr Inputs aufnehmen als jüngere Schüler. Wenn Sie dementsprechend die Inputs für die älteren Schüler ausweiten wollen, können Sie die dazu nötigen Hintergrundinformationen der im Anhang angegebenen Literatur entnehmen (s. S. 180/181).

Vorteile:

- Inputs dienen der Vertiefung von Wissen.
- Schwerpunkte und Erklärungen werden herausgearbeitet.

Ü Übungen

Eine *Übung* folgt meist einem Input und ist im Gegensatz zum Warming-up themenorientiert. Die Übungen im Fair-Streiten-Training stellen meist den praktischen Einstieg in das Thema einer Einheit dar. Sie erfordern in der Regel die Teilnahme der gesamten Gruppe.

Übungen an sich sind vor allem dann motivationssteigernd, wenn sie zielgerichtet sind.

Einige der Ziele von Übungen sind:

- die Teilnehmer miteinander ins Gespräch bringen
- Erfahrungen vermitteln
- Gespräche über ein bestimmtes Thema in Gang bringen
- eigenes Verhalten erkennen oder ein bestimmtes Verhalten entwickeln/ umsetzen

Einer Übung sollte stets eine kurze Auswertungsrunde folgen. Denn die Erfahrungen und Einsichten, die bei der Übung gewonnen wurden, können dabei für neue Lernschritte herausgearbeitet werden.

Während sich das Trainer-Tandem für die Zeit der Übung zurückziehen kann, hat es in der Auswertungsphase wieder eine aktive Rolle.

Vorteile:

x Übungen beziehen alle mit ein und erzeugen damit eine Aufnahmebereitschaft bei jedem Teilnehmer.

x Übungen vermitteln Inhalte auf einer handlungsorientierten Ebene.

AB Arbeitsblätter

Arbeitsblätter eignen sich besonders zum Einstieg in ein Thema, da die Gruppe erst dann produktiv arbeiten kann, wenn die Aktivität und Aufmerksamkeit jedes Einzelnen mobilisiert ist und alle über eine Gesprächsgrundlage verfügen.

Durch ihre Bearbeitung kann sich jeder vorab schon mit dem Inhalt auseinandersetzen und sich Gedanken zum Thema einer Einheit machen. Außerdem ist diese Stillarbeit ganz hilfreich, wenn es darum geht, Gedanken zu sammeln und die Aufmerksamkeit auf einen bestimmten Inhalt zu richten.

Inhalte spielerisch vermitteln

Der Bearbeitung von Arbeitsblättern muss stets eine Auswertungsrunde im Plenum folgen, damit es zu einem Austausch der Ideen kommen kann.

Die Ergebnisse werden dabei in einen thematischen Zusammenhang mit der Einheit gebracht.

Gedanken bündeln – Ideen entwickeln

Vor dem Austeilen der Arbeitsblätter muss zunächst die Aufgabenstellung unbedingt erläutert werden. Ergänzend erhalten die Arbeitsblätter selbst auch eine genaue Arbeitsanweisung und – wenn nötig – auch ein Beispiel.

Vorteile:

x Die Arbeitsblätter eignen sich als Arbeits- und Gesprächsgrundlage für ein Thema.

x Jeder Teilnehmer beschäftigt sich mit dem Thema.

x Den Schülern ist diese Form der Stillarbeit bereits aus der Schule vertraut.

Ideenspeicher

Der *Ideenspeicher* ist ein ebenfalls wiederkehrendes Element im Fair-Streiten-Training. Es handelt sich dabei um eine Metaplanwand oder (Wand-)Tafel, auf der fortlaufend alle gelernten Kompetenzen der Konfliktfähigkeit schriftlich festgehalten werden (siehe Abbildung unten).

Dazu werden nach jeder Einheit konkrete Verhaltensweisen, die neu gelernt wurden, auf Karten geschrieben und neben die Überschriften, die das Thema der Einheit nennen, geheftet. Die Ergebnisse jeder Einheit liegen auf diese Weise zusammengefasst vor und sind für alle präsent.

Beim Erstellen des Ideenspeichers muss der Trainer die Teilnehmer dazu anhalten, von der verhaltensbezogenen Ebene auf die kognitive Ebene zu wechseln.

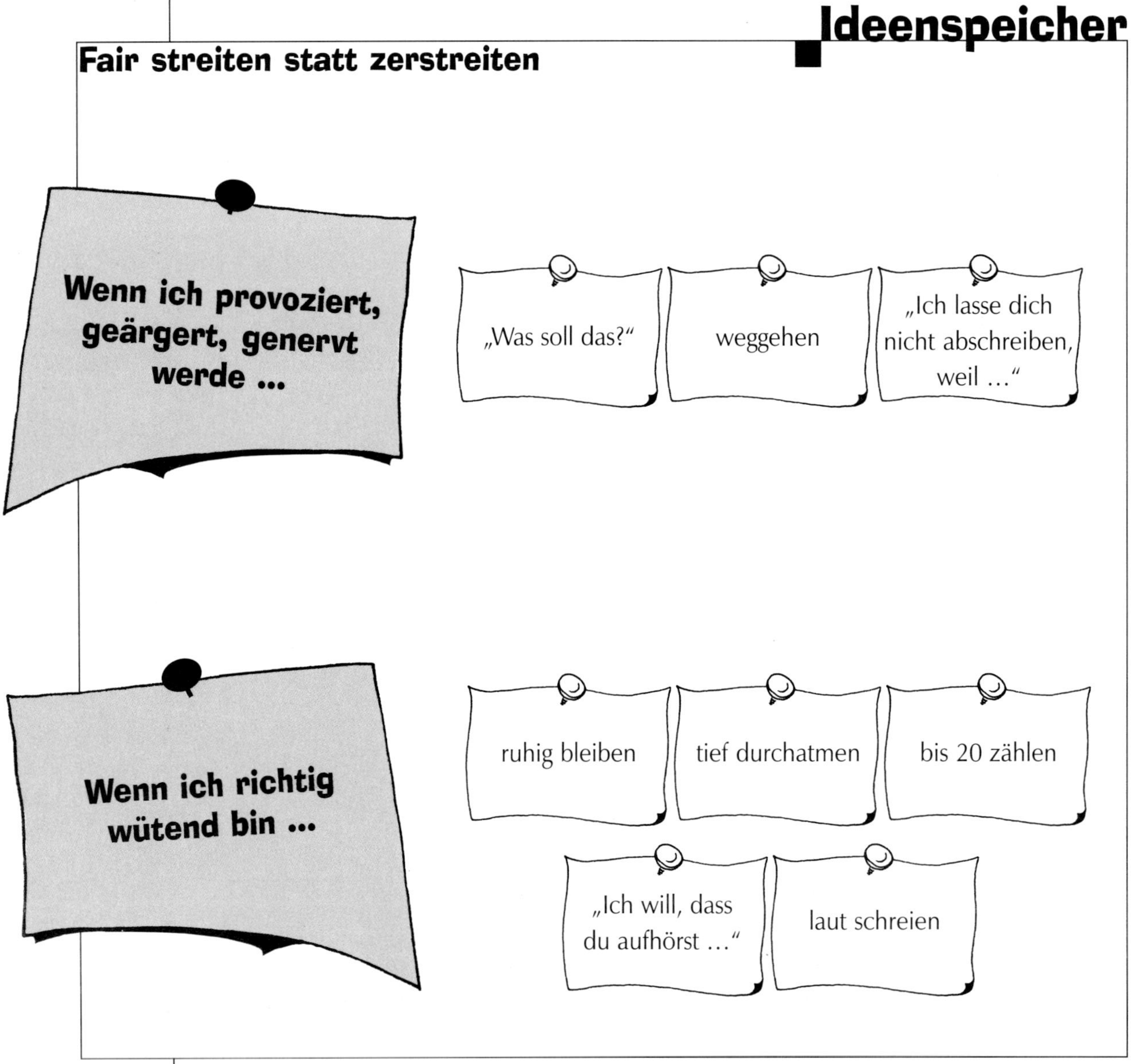

Der Lerneffekt erhöht sich, wenn die Schüler den Ideenspeicher selbst ergänzen. Das kann durch *Zuruf-Fragen* (s. S. 40) seitens der Trainer angeregt werden.

Die Kompetenzen zur Steigerung der Konfliktfähigkeit kommen den Schülern teilweise banal vor, sodass sie es möglicherweise nicht für nötig halten, diese zu notieren. Trotzdem sollte der Ideenspeicher so erstellt werden, wie es auch im Fair-Streiten-Training für die jüngeren Schüler geschehen soll, damit die angehenden Tutoren ein realistisches Bild von diesem Trainings-Ritual bekommen.

Vorteile:

- Der Ideenspeicher ist eine Dokumentation des Gelernten.
- Nach jeder Einheit wird das neu Gelernte noch einmal aufgegriffen und zusammengefasst.
- Die Verhaltensalternativen in einem Streitfall können von den Schülern während des gesamten Trainings wie bei einem Spickzettel abgelesen werden.

Die Abbildung auf S. 42 verdeutlicht, wie ein Ideenspeicher aussehen könnte.

Rucksackwand

Die *Rucksackwand* entstand aus der Idee heraus, den Trainingsteilnehmern zu ermöglichen, das aus den Einheiten „mitzunehmen", was für sie persönlich am wichtigsten und interessantesten war.

Der Rucksack stellt in diesem Zusammenhang das persönliche Gedächtnis eines jeden Schülers dar. Der „Inhalt" eines jeden Rucksacks wächst nach und nach mit jeder Einheit.

Zu Beginn des Trainings (Teil 2 des Buches, ab S. 103) wird die Rucksackwand als Methode eingeführt. Jeder bekommt dazu ein DIN A4-Blatt mit den Umrissen eines Rucksacks (Kopiervorlage, s. S. 123).

Kurz vor dem Ende jeder weiteren Einheit werden die Schüler aufgefordert, das in den Rucksack hineinzuschreiben, was sie sich merken möchten. Dies kann ein bestimmtes Verhalten im Konflikt sein, z.B. *„bis 20 zählen"*. Es ist aber auch denkbar, dass ein Schüler eine ganz allgemeine Erfahrung „einpacken" möchte, z.B. *„Streit ist nichts Schlimmes"*. Ziel des Rucksack-Rituals ist der Transfer der gelernten Methoden auf den Alltag der Schüler. Sie sollen nach Möglichkeit die Verhaltensweisen, die für sie am wichtigsten waren und die sie in ihren Rucksack geschrieben haben, zwischen den Trainingseinheiten ausprobieren.

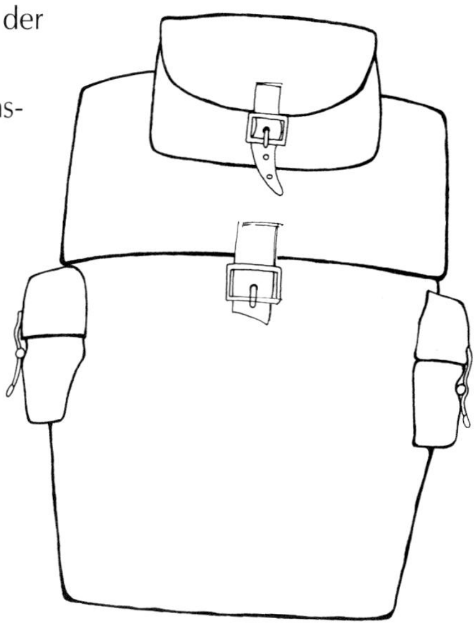

Im Anschluss an die persönliche Auswertung einer Einheit, die jeder Teilnehmer mit Hilfe des Rucksack-Rituals vornimmt, findet eine gemeinsame Abschlussrunde statt.

Während dieser Reflexion sagt jeder noch einmal, was er in seinen Rucksack geschrieben hat. Durch diesen Austausch wird Lernen zum Gemeinschaftserlebnis.

Die Rucksäcke werden an einer Wand befestigt. Sie bleiben während der Ausbildung sichtbar hängen und werden nur zum Ende jeder Einheit für die Einträge abgenommen. Nach Abschluss des Seminars darf jeder Schüler seinen Rucksack mit nach Hause nehmen.

Während in den Rucksäcken der Fünft- und Sechstklässler lediglich Kompetenzen zur Steigerung der Konfliktfähigkeit eingetragen werden, können die angehenden Fair-Streiten-Trainer auch eine Trainerkompetenz aufschreiben, z.B. *„langsam und deutlich sprechen"*.

Der Unterschied zwischen dem Ideenspeicher und der Rucksackwand besteht darin, dass beim Ideenspeicher alle möglichen Verhaltensweisen festgehalten werden, während es bei den Rucksäcken um den persönlichen Stellenwert eigener Erfahrungen geht.

Vorteile:

- Alle Teilnehmer reflektieren das Gelernte im Anschluss an jede Einheit und setzen einen persönlichen Schwerpunkt.
- Der Rucksack ermöglicht eine persönliche Zusammenfassung und Auswertung des Gelernten.
- Es wird der Transfer der gelernten Methoden auf den Alltag der Schüler angeregt.

Trainings-Einheiten lebendig gestalten – Austausch von Erfahrungen fördern

Wechsel von Kleingruppe und Plenum

Ein Bestandteil des methodischen Vorgehens im Fair-Streiten-Training ist der Wechsel von Kleingruppenarbeit und der Arbeit im Plenum. Die Kleingruppenarbeit dient eher der Erarbeitung von Themen, der Durchführung von Übungen sowie der Vorbereitung von Rollenspielen. Im Plenum finden hingegen die Rollenspiele statt, die Auswertungsrunden, die Strukturierung von Ergebnissen sowie die Vermittlung von theoretischen Hintergrundinformationen.

Die Bildung der Kleingruppen erfolgt nach freier Wahl, es bietet sich jedoch an, auch in der Kleingruppe die Trainer-Tandems als „Einheiten" bestehen zu lassen.

Vorteile:

- Die Kursleitung hat nur im Plenum die Möglichkeit, alle Teilnehmer gleichzeitig zu erreichen und Informationen weiterzugeben.
- Im Plenum wird der Gruppenzusammenhalt gefördert. Durch den Austausch in der gesamten Gruppe lernen sich alle Teilnehmer besser kennen und werden einander vertrauter.
- (Arbeits-)Ergebnisse werden im Plenum ausgetauscht, was dazu führt, dass neue Denkanstöße vermittelt werden. Diese können dann in den Kleingruppen umgesetzt werden.
- In Kleingruppen können sich die Teilnehmer aktiver beteiligen, als dies im Plenum möglich ist, da aufgrund der geringen Gruppenstärke alle Mitglieder zu Wort kommen.
- Die Hemmschwelle, Rollenspiele zu proben und Übungen mitzumachen, ist aufgrund der größeren Vertrautheit in der Kleingruppe niedriger.
- In der Kleingruppe wird der Erfahrungsaustausch gefördert. Die Gruppenmitglieder sind „unter sich" und trauen sich eher, ihre Meinung kundzutun.
- Der Wechsel verbindet die Vorteile beider Arbeitsformen und steigert die Motivation der Teilnehmer.

Kapitel 4

Gruppenleiter-Kompetenzen

Kommunikation:
- vor einer Gruppe sprechen,
- aktiv zuhören,
- Wissen verständlich vermitteln,
- mit der eigenen Nervosität umgehen

Gruppenleitung:
- Feedback geben und annehmen,
- Teilnehmer motivieren,
- Umgang mit Störungen und Störern

Vermittlungstechniken:
- Medien gekonnt einsetzen,
- Diskussionen strukturieren,
- Warming-ups und Übungen anleiten, Rollenspiele anleiten, Brainstormings durchführen,
- Trainingseinheiten vorbereiten

In der Ausbildung zum Fair-Streiten-Trainer lernen die Schüler, wie sie als Gruppenleiter die Inhalte angemessen vermitteln und Gruppenprozesse in Gang setzen können.

Die folgenden Gruppenleiter-Kompetenzen stellen sicherlich nur eine Auswahl dar und könnten beliebig erweitert werden. Erfahrungsgemäß tragen diese Fertigkeiten jedoch schon dazu bei, den „Trainer-Koffer" der Teilnehmer zu füllen.

Die Fertigkeiten, die den zukünftigen Fair-Streiten-Trainern vermittelt werden sollen, lassen sich in drei Bereiche unterteilen. Diese überschneiden sich teilweise:

Im Folgenden werden die einzelnen Fertigkeiten in der Reihenfolge dieser drei Blöcke erläutert. Selbstverständlich sollten auch die Ausbilder über die genannten Kompetenzen verfügen, da sie für die Teilnehmer die Vorbilder in punkto Gruppenleitung sind.

In Anlehnung an Ruth Cohn (siehe Kurzportrait im Anhang, S. 178/179) weisen wir an dieser Stelle darauf hin, dass die Persönlichkeit des Gruppenleiters mindestens ebenso wichtig ist, wie die Techniken, die er anwendet. Keine Methode kann eine positive Haltung gegenüber den Mitmenschen, Toleranz und Wärme ersetzen.

Vor einer Gruppe sprechen

Die Sprache des Gruppenleiters sollte laut, deutlich und verständlich sein. Kurze Sätze und Sprechpausen erleichtern es den Zuhörern, dem Redner zu folgen und die Inhalte entsprechend zu verarbeiten.

„Die Zuhörer verwandeln Sprechpausen in Denkpausen."
(Will 1994, S. 29)

Das Sprechtempo, wie auch die Aussprache und die Stimmführung sind besonders wichtig und können durch Übung verbessert werden.

Spickzettel und Karteikarten helfen den Überblick zu behalten

Der Vortrag sollte frei gehalten werden. Dabei ist ein „Spickzettel" durchaus erlaubt und hilft dem Referenten dabei, den roten Faden zu behalten. Bewährt haben sich durchnummerierte Karteikarten mit Stichworten und knappen Formulierungen. – Stichworte, halbe Sätze usw. vermeiden, dass der Redner zu oft auf den Zettel schaut und erleichtern die freie Rede.

Unter rhetorischen Gesichtspunkten sind neben der Sprache außerdem zu beachten: der Stand, die Haltung, die Gestik und der Blickkontakt.

Lernziele:

Sprache: laut, deutlich und verständlich sprechen; freies Sprechen – unter Zuhilfenahme eines „Spickzettels"

Stand: sicher und mit beiden Füßen auf dem Boden stehen; Raum nutzen

Haltung: aufrecht und entspannt vor der Gruppe stehen und für alle sichtbar sein

Gestik: die Hände halten den Spickzettel oder weisen auf den aktuell behandelten Stoff hin

Blickkontakt: Blick schweifen lassen und zu einzelnen Teilnehmern einen direkten Augenkontakt herstellen

Aktiv Zuhören

Eine Definition und Hintergrundinformationen zum *aktiven Zuhören* finden Sie auf Seite 30. Im Folgenden soll es um die Umsetzung des aktiven Zuhörens im Fair-Streiten-Training gehen.

Aktives Zuhören ist eine der wichtigsten Fertigkeiten eines Gruppenleiters. Um den Teilnehmern folgen zu können, muss er sich in deren Denkweisen und Bedürfnisse hineinversetzen. Nur ein aufmerksames Zuhören kann bewirken, dass er mit den Teilnehmern vertraut wird und sie auf ihrem Entwicklungsweg begleiten kann.

Aktives Zuhören meint ein aufmerksames, verständnisvolles Zuhören. Dazu gehört auch die Zusammenfassung des Gesagten in eigenen Worten, sowie das Ansprechen seiner gefühlsmäßigen Bedeutung. In diesem Sinn ist der Gruppenleiter auch „Dolmetscher" der unausgesprochenen Gefühle, denn er übersetzt rein sprachliche Aussagen auf eine tiefere Ebene.

Das aktive Zuhören zeichnet sich durch folgende Verhaltensweisen des Gruppenleiters aus:

- Er konzentriert sich voll und ganz auf den Teilnehmer, der spricht.
- Er stellt sich nicht auf den Standpunkt, dass er längst schon weiß, worauf der Teilnehmer hinaus will.
- Er bleibt gedanklich bei dem Teilnehmer und vermeidet eigene Assoziationen.
- Er hört sich alles erst an, bevor er auf das Gesagte eingeht.
- Er achtet auf die gefühlsmäßigen Botschaften, die in den Aussagen enthalten sind und artikuliert sie.

Lernziele:

- aufmerksam zuhören
- Einfühlungsvermögen signalisieren
- den Teilnehmern Freiräume lassen und sich auf ihre Wünsche einstellen

Wissen vermitteln

Trainer haben vier Grundsätze bei der Wissensvermittlung zu beachten:

1. Die Informationen sollen verständlich sein, d.h. prägnant und kurz.
2. Einzelne Informationseinheiten sollten nicht zu lang sein.
3. Die Teilnehmer sollen in den Informationsprozess einbezogen werden. Der Frontalvortrag sollte daher durch die aktive Mitgestaltung der Informationseinheiten durch die Teilnehmer ersetzt (oder von solchen unterbrochen) werden.
4. Verschiedene Wahrnehmungskanäle der Teilnehmer sollten angesprochen werden, d.h. visuelle, haptische und auditive.

Zudem sollten die Gruppenleiter den Teilnehmern von vornherein erlauben, jederzeit Fragen zu stellen. So können sie davon ausgehen, dass die Gruppe sich meldet, wenn etwas nicht verstanden wurde.

Lernziele:

- eine verständliche Wissensvermittlung unter Berücksichtigung der oben genannten Grundsätze anstreben
- interaktive Vortragsgestaltung

Mit der eigenen Nervosität umgehen

Die meisten Gruppenleiter haben – meist vor und zu Beginn einer Veranstaltung – mit Nervosität zu kämpfen.

Die Hauptursachen für das „Lampenfieber" sind in der Regel:

1. Leistungsdruck, d.h. alles soll gut laufen
2. Befürchtung, dass die Teilnehmer nicht zufrieden sind
3. Angst vor dem „Rampenlicht" und davor, den Teilnehmern „ausgeliefert" zu sein
4. Angst vor den Folgen ungenügender Vorbereitung und unvorhersehbaren Störungen

Um dem Lampenfieber entgegenzuwirken, ist es am besten, den „Ernstfall" so oft wie möglich zu proben. Die eigenständige Vorbereitung und Durchführung der Einheiten und die diversen Actstormings während der Ausbildung tragen dazu bei, dass die angehenden Fair-Streiten-Trainer nach und nach ihre Nervosität überwinden.

Mit zunehmender Übung wächst das Selbstbewusstsein und das Vertrauen in das eigene Können. Darüber hinaus bietet der eigene Co-Trainer auch eine gewisse Sicherheit. Verantwortung, Erfolg und Misserfolg werden geteilt und mögliche Pannen gemeinsam besser „verkraftet".

Die Ausbilder sollten die Teilnehmer dazu ermutigen, so natürlich wie möglich aufzutreten. Denn dann wirken sie den jüngeren Schülern (und natürlich auch ihren Mitstreitern) gegenüber sympathisch und glaubwürdig.

eine gute Vorbereitung ist die halbe Miete

„Blackouts" oder Versprecher sollten von den angehenden Fair-Streiten-Trainern nicht überbewertet werden. Meist sind die Jugendlichen zu selbstkritisch. Versprecher und „Aussetzer" werden von den Zuhörern gern verziehen, wenn der Inhalt und die Vortragsart ansprechend ist. Zudem machen sie den Moderator sympathisch und menschlich.

Wenn der Trainer einen Spickzettel vorbereitet hat, kann er – falls er an irgendeiner Stelle stecken bleibt – nach einer kurzen Auszeit den roten Faden von selbst wieder aufnehmen. Außerdem besteht immer noch die Möglichkeit, dass der Co-Trainer einspringt.

Auf keinen Fall sollte aber die Konsequenz aus Pannen und Versprechern sein, Formulierungen auswendig zu lernen oder die Abfolge der einzelnen Schritte bis ins Kleinste einzustudieren.

Lernziele:

- × sich selbst realistisch einschätzen und ein positives Selbstbild aufbauen
- × mit Blackouts und Nervosität positiv umgehen

Feedback geben und annehmen

Was Feedback ist und welche Regeln dabei zu beachten sind, erfahren Sie genauer auf Seite 32/33.

Feedback stärkt positive Verhaltensweisen, indem sie von Gruppenmitgliedern angesprochen werden und korrigiert in der Regel solche, die von ihnen kritisiert werden.

Insofern ist das Feedback im Rahmen des Fair-Streiten-Trainings besonders wichtig, weil den Teilnehmern auf diese Weise signalisiert wird, ob eine Verhaltensweise oder Position angemessen und akzeptabel oder eher fehl am Platz ist.

Um die Teilnehmer des Fair-Streiten-Trainings in ihrem Verhalten bestätigen zu können oder unangemessene Verhaltensweisen zu korrigieren, müssen die angehenden Tutoren lernen, konstruktive Rückmeldungen zu geben. Genauso wichtig ist aber auch ihr eigener (souveräner) Umgang mit Kritik, denn auch sie müssen bereit sein, ihr Verhalten zu korrigieren.

Zur Entwicklung dieser Trainer-Kompetenz gehört, dass die angehenden Tutoren zunächst überhaupt auf positives Verhalten und damit auf die Stärken der Teilnehmer aufmerksam werden. Denn auf den ersten Blick fällt in der Regel nur auf, was nicht gut ist.

Die angehenden Fair-Streiten-Trainer müssen also den Weg weg vom Tadel und hin zum Lob beschreiten.

In dem Zusammenhang ist es wichtig, auch positive Kleinigkeiten oder scheinbare „Selbstverständlichkeiten" hervorzuheben („Vielen Dank, dass du mir beim Aufräumen geholfen hast, das war wirklich sehr nett."). Denn oftmals sind es ja auch nur Kleinigkeiten, die Anlass zur Kritik bieten.

Die Trainer sollten es jedoch auch beherrschen, Kritik sachlich zu äußern. Dabei gilt als oberster Grundsatz, dass sich die Kritik auf ein bestimmtes Verhalten und nicht auf die gesamte Person beziehen darf. Durch Feedback darf niemand herabgesetzt werden.

Gut ist eine Begründung der Rückmeldung („Ich habe mich darüber gefreut, dass du …, weil …").

So stellt der Feedback-Geber deutlich dar, um welches Verhalten es geht, und kann dem Feedback-Empfänger gleichzeitig eine Entwicklungsrichtung aufzeigen. Hier gilt vor allem, dass negatives Feedback begründet und näher erläutert wird.

Zum Lernprozess der Jugendlichen gehört auch, Kritik anzunehmen. Wenn sie lernen, Gefühle anderer Personen wahrzunehmen und offen anzusprechen, fällt es ihnen mit der Zeit auch leichter, Reaktionen anderer Personen ihnen gegenüber zu akzeptieren.

konstruktive Kritik hilft sich weiterzuentwickeln

Lernziele:

- die eigene Wahrnehmungsfähigkeit ausbauen
- den Blick für das Positive entwickeln
- zunehmend Sicherheit in der Urteilsbildung gewinnen
- Lob und Kritik miteinander verbinden und angemessen weitergeben
- Kritik annehmen

Teilnehmer motivieren

Bei längeren Trainingseinheiten kann die Motivation der Teilnehmer nachlassen.

Die angehenden Tutoren können solche Phasen in den Griff bekommen (oder bestenfalls erst gar nicht aufkommen lassen), wenn sie darauf vorbereitet sind und einige Kenntnisse darüber haben, wie die Motivation der Gruppe wieder aktiviert werden kann.

Die Tutoren sollten daher, um für alle Fälle gerüstet zu sein, einige Grundregeln einer abwechslungsreichen und **teilnehmerorientierten** Gestaltung des Seminars kennen lernen:

- Es wird Verstärkung in Form von Lob und Anerkennung angewendet, d.h. Lernfortschritte werden erkannt und bestätigt.
- Die Teilnehmer werden in den Lernprozess mit einbezogen, z.B. durch die Arbeit an eigenen Konflikten.
- Durch Methodenwechsel wird Abwechslung geschaffen.
- Das Anspruchsniveau der Übungen und Themen entspricht den Lernvoraussetzungen der Teilnehmer.
- Es herrscht eine Balance zwischen Bekanntem und Neuem.
- Es wird an frühere Lernerfahrungen angeknüpft.
- Praxisrelevanz und die Gegenwarts- und Zukunftsbedeutung des Gelernten werden deutlich.
- Die Strukturierung der Lerninhalte und die Lernziele ist für die Gruppe einsichtig.
- Die Gruppenatmosphäre ist angenehm und zwanglos; die Gruppenmitglieder sind sich vertraut.
- Die ausgewählten Übungen sind motivierend und abwechslungsreich.
- Die Interaktion und Kooperation der Teilnehmer untereinander wird gefördert.
- Die Pausenzeiten sind nach den Bedürfnissen der Gruppe ausgerichtet.

Lernziele:

- Gründe für die Demotivation einzelner Teilnehmer oder der Gruppe kennen
- Maßnahmen zur Steigerung der Motivation kennen lernen und anwenden

Umgang mit Störungen und Störern

Privatgespräche, eine ständige Geräuschkulisse, oder auch häufiges Zuspätkommen – es sind verschiedene Störungen denkbar, die die Zusammenarbeit zwischen Trainer und Gruppe erschweren können.

Störungen können viele Ursachen haben: mangelnde Motivation, Über- oder Unterforderung einzelner Teilnehmer oder auch Unstimmigkeiten innerhalb der Gruppe bzw. zwischen einzelnen Gruppenmitgliedern und dem Seminarleiter.

Gerade Schüler wollen die Autorität des Gruppenleiters gern mal auf die Probe stellen. Gruppenleiter müssen daher lernen, zwei Fähigkeiten zugleich in einer ausgewogenen Balance zu halten: Durchsetzungsvermögen einerseits und Akzeptanz und Achtung der Schüler andererseits. Ein guter Gruppenleiter kann sich Respekt verschaffen und gleichzeitig den Schülern gegenüber Respekt erweisen.

Wie können die Tutoren auf Störungen oder Störer reagieren?

Im Folgenden werden einige Reaktionen beschrieben, die sich in der Praxis bewährt haben:

1. **Methoden- und Medienwechsel:**
   Ein Wechsel der Methoden und Medien verhindert, dass sich Teilnehmer langweilen, gedanklich abschalten oder sich über- bzw. unterfordert fühlen, wenn ihnen die eine oder andere Methode nicht liegt. Auf keinen Fall sollte aber die Präsentation zu einer Materialschlacht werden oder der Wechsel der Methoden so häufig vorkommen, dass sich die Teilnehmer überfrachtet fühlen und letztlich doch abschalten. Ein ausgewogenes Mittelmaß ist hier richtig. Die Wahl der Methoden und Medien hängt von den Gegebenheiten in der Gruppe ab. In der Regel entwikkeln die Tutoren nach und nach ein Gefühl dafür, worauf ihre Gruppe „anspringt".

Störungen haben konkrete Ursachen, diese gilt es anzugehen

2. **Änderung der Tonlautstärke:**
   Bei Unruhe kann es hilfreich sein, die Stimme zu senken, um so die Aufmerksamkeit der Teilnehmer wieder auf sich zu ziehen. Natürlich geht auch der umgekehrte Weg, mit lauter Stimme und Nachdruck die Teilnehmer zur Ruhe und Aufmerksamkeit aufzufordern. Hier gilt jedoch: Je häufiger die Trainer laut werden, ohne Konsequenzen folgen zu lassen, desto schneller nutzt sich der Effekt ab.

3. **Beispiele aus der Gruppe einfordern:**
   Häufig schaltet die Gruppe gedanklich ab, weil einzelne Phasen zu lange dauern. Insbesondere dann, wenn die Teilnehmer unbeteiligt sind bzw. nur passiv zuhören. In solchen Phasen sollten die Tutoren die jüngeren Schüler mit einbeziehen und sie dazu auffordern, mitzumachen und Ideen oder Beispiele vorzubringen.

4. Bezüge zur Gruppe herstellen:
Je mehr der zu vermittelnde „Stoff" mit den Teilnehmern zu tun hat, desto größer ist auch ihr Interesse daran. Die Tutoren können sich die Aufmerksamkeit der jüngeren Schüler sichern, indem sie Bezüge zu deren Lebenswirklichkeit herstellen und Probleme und Beispiele darauf beziehen. Noch sinnvoller ist es, Beispiele direkt aus der Lebenswirklichkeit der Gruppe zu nehmen (siehe Konfliktbilder, S. 36).

5. Checken der Liste mit Maßnahmen zur Steigerung/ Erhaltung der Motivation:
(s. S. 70)
Um feststellen zu können, welche Maßnahmen die jeweilige Gruppe ansprechen, müssen die angehenden Tutoren ihre methodische Kompetenz ausbauen und die Vielfalt der Methoden zunächst einmal kennen lernen. Welche davon für ihre Gruppe am geeignetsten sind, zeigt sich erst im praktischen Einsatz.
Grundsätzlich ist es sinnvoll, immer wieder mal etwas Neues auszuprobieren, damit der gewünschte Effekt sich nicht „abnutzt".

6. Störungen nicht beachten:
Die Aufmerksamkeit, die den Störern durch das ständige Ermahnen zuteil wird, kann unter Umständen auch wie eine positive Verstärkung wirken. In dem Fall führen Ermahnungen nicht dazu, dass das störende Verhalten eingestellt wird, sondern es wird das Gegenteil erreicht.

7. Freundlich ermahnen:
Oft sind sich Schüler gar nicht dessen bewusst, dass ihr Verhalten als störend empfunden wird. In der Regel genügt dann ein Hinweis, um das störende Verhalten zu unterbinden.

8. Störungen aufgreifen:
Randgespräche können manchmal wichtig sein. Der Gruppenleiter kann ihnen Aufmerksamkeit zukommen lassen, indem er z.B. fragt: „Vielleicht wollt ihr uns erzählen, was ihr miteinander diskutiert?"
Wenn ein Randgespräch aufgegriffen wird, dann sollte das immer in Form einer ermunternden Aufforderung und nicht als Zwang geschehen.

9. Nach Ursachen für Störungen suchen und gemeinsam Lösungen finden:
In einem klärenden Gespräch können die Schüler Gründe für ihr Stören benennen. Zusammen mit den Tutoren kann dann eine Lösung gefunden werden, die für beide Seiten akzeptabel ist. Konkrete Regeln und Absprachen erleichtern in dem Fall die Zusammenarbeit zwischen den Tutoren und den Gruppenmitgliedern.

Auf jeden Fall sollte das Trainer-Tandem aber gemeinsam „Ursachenforschung" betreiben, und sich dabei von folgenden Fragen leiten lassen:

- Welches Verhalten wird als störend empfunden? Warum?
- (Warum) fällt es schwer, auf das Verhalten angemessen zu reagieren?
- Worin könnten die Ursachen für die Störungen liegen? Liegt es nur an dem/ den Teilnehmer(n) oder auch an dem Verhalten der Trainer?

Lernziele:

- mit Störungen und Störern positiv umgehen
- Ursachen und Lösungen für Störungen finden

Medien sinnvoll einsetzen

Zur erfolgreichen Arbeit eines Moderators gehört der sinnvolle Einsatz verschiedener Medien und Visualisierungshilfen, mit deren Hilfe die Inhalte und Themen anschaulich vermittelt werden können.

Bei der Umsetzung des Fair-Streiten-Trainings haben sich als Visualisierungshilfen das Flipchart und die Metaplanwand bewährt. Natürlich ist es auch möglich, falls diese Medien nicht zu Verfügung stehen, mit der herkömmlichen Wandtafel oder mit Plakaten zu arbeiten. Darüber hinaus kommt auch vereinzelt der Overhead-Projektor zum Einsatz.

Welche Funktionen erfüllen die einzelnen Medien?

Flipchart: eignet sich zur Visualisierung von Informationen, die bereits vorbereitet sind oder im Verlauf des Arbeitsprozesses gemeinsam erarbeitet werden. Auf einem Flipchart soll möglichst knapp notiert werden, damit es jederzeit einen schnellen Überblick erlaubt.
Der Vorteil: Einzelne Flipchart-Plakate können nach jeder Einheit an den Wänden aufgehängt werden und bleiben so für die Dauer des Trainings präsent.

Metaplanwand: erfüllt die Funktion einer Pinnwand. Sie dokumentiert prozesshafte Ergebnisse, die im Verlauf des Trainings problemlos ergänzt werden können. Die zum Festhalten von Arbeitsergebnissen an der Metaplanwand verwendeten Kärtchen können in Einzel- und Kleingruppenarbeit beschriftet werden.
Die Ergebnisse werden im Anschluss zusammengetragen und an der Wand für alle sichtbar angebracht und strukturiert. Wenn das Flipchart zu wenig Platz bietet, kann die Metaplanwand genauso zur Mitschrift eingesetzt werden. Verschiedenfarbige und unterschiedlich geformte Karten sorgen dabei für Ordnung und Struktur.

Overhead-Projektor: Folien lassen sich gut vorbereiten und sind daher bei der Vermittlung von Informationen sehr hilfreich. Genauso gut lassen sich aber auch während des Seminars Arbeitsergebnisse darauf festhalten.
Ihr großer Nachteil: Sie eignen sich nicht für die Darstellung von Ergebnissen/Informationen, auf die im Laufe des Seminars immer wieder zurückgegriffen werden soll.

Die Kunst der **Visualisierung** liegt in der …

Einfachheit
– durch geläufige Wörter und kurze Sätze

Gliederung/Ordnung
– durch Unterteilung der Textblöcke und durch Überschriften

Kürze/Prägnanz
– durch Aussagen, die auf das Wesentliche reduziert sind

Schrift: Bei allen handschriftlich vorgenommenen Aufzeichnungen sind folgende Regeln zu beachten:

- ✓ **groß und leserlich schreiben**
- ✓ **Groß- *und* Kleinbuchstaben verwenden**
- ✓ **in Druckschrift schreiben**
- ✓ **sparsam mit Ober- und Unterlängen umgehen**
- ✓ **mit der Breitseite der Stifte schreiben**

Anmerkung: Den Ausbildern als erfahrenen Pädagogen mag die genaue Auflistung dieser Regeln und Hinweise an dieser Stelle überflüssig vorkommen. Bedenken Sie aber, dass die angehenden Tutoren keine ausgebildeten Pädagogen sind und in aller Regel über keine/wenig Erfahrungen im Umgang mit Methoden/Medien verfügen. Daher ist es wichtig, im Verlauf des Seminars auch auf solche scheinbaren Selbstverständlichkeiten einzugehen und die Tutoren darauf hinzuweisen.

Die methodischen Vorgehensweisen, die mit den oben genannten Medien im Fair-Streiten-Training in Zusammenhang stehen, sind die *Kartenabfrage* und die *Zuruf-Frage* (s. S. 40). Sie dienen dazu, bei den Teilnehmern Meinungen und Ideen abzufragen, auf deren Grundlage dann eine Übersicht an der Metaplanwand oder dem Flipchart erstellt wird.

Kartenabfrage:

Die Teilnehmer werden aufgefordert, zu einer konkreten Fragestellung ihre Beiträge auf Karten zu schreiben. Alle Beiträge sollen so konkret wie möglich aufgeschrieben werden, sodass jede Karte aus sich heraus verständlich ist. Dabei ist auf Kürze ebenso zu achten wie auf Leserlichkeit. Die goldene Regel ist: nur ein inhaltlicher Punkt pro Karte. Wenn alle fertig sind, kann der Gruppenleiter die Karten einsammeln und anheften, oder er lässt die Teilnehmer ihre Beiträge selbst anbringen und in wenigen Worten erläutern.

Zuruf-Fragen:

Auf einen Impuls oder eine gezielte Frage hin werden Beiträge aus der Gruppe unsystematisch und spontan gesammelt. Es liegt in der Entscheidung des Gruppenleiters, ob er die Zurufe notiert. Das Festhalten der Beiträge am Flipchart ist dann sinnvoll, wenn mit den Antworten weiter gearbeitet werden soll.

Lernziele:

- ✗ Die Medien **Flipchart**, **Metaplanwand** und **Overheadprojektor** kennen und sinnvoll einsetzen können
- ✗ methodische Hinweise und Regeln beachten
- ✗ Zuruf-Fragen und Kartenabfragen durchführen

Diskussionen strukturieren

Der Diskussionsleiter kümmert sich hauptsächlich um das Wie der Diskussion und verzichtet weitestgehend auf die inhaltliche Stellungnahme, um das Gespräch nicht zu beeinflussen.

Einen guten Diskussionsleiter zeichnen folgende Merkmale aus:

- Er kann Wesentliches vom Unwesentlichen trennen.
- Er arbeitet Gemeinsamkeiten der Beiträge und Unterschiede in den Positionen heraus.
- Er verteilt die Redeanteile gerecht.
- Er hält die eigene Meinung zum Gegenstand der Diskussion zurück.
- Er bewertet und zensiert die Beiträge von Teilnehmern nicht.
- Er führt abschweifende Diskussionsteilnehmer zum Thema zurück.
- Er fasst Inhalte zusammen und strukturiert sie durch den Einsatz von Visualisierungshilfen.

Lernziele:

- auf Fairness achten: im Umgang der Teilnehmer miteinander und durch eine gerechte Verteilung der Redeanteile
- Diskussionen strukturieren
- neutral bleiben
- zusammenfassen und visualisieren

Warming-ups und Übungen anleiten

Die Herausforderung bei der Durchführung von Warming-ups und Übungen liegt vor allem darin, die Gruppe für die jeweilige Übung zu motivieren. Nur wenn die Tutoren die Übung selbst ernst nehmen, können sie die jüngeren Schüler von ihrem Sinn überzeugen. Dazu ist es wichtig, dass die Tutoren alle Übungen mit entsprechender Ernsthaftigkeit vermitteln, auch wenn sie ihnen selbst möglicherweise albern vorkommen.

Wenn den Fair-Streiten-Trainern die vorgeschlagenen Warming-ups überhaupt nicht zusagen, können diese ausgetauscht werden. Anregungen für andere Spiele können sie den Büchern im Literaturverzeichnis entnehmen.

Die Tutoren müssen die Spielregeln deutlich erklären. Dazu gehört zunächst ein grober Überblick, bevor einzelne Regeln und Details genannt werden. Bei einer Fülle von Informationen empfiehlt sich die Darstellung der Regeln auf einem Flipchart. Oftmals ist eine Proberunde sinnvoll, damit die Teilnehmer überprüfen können, ob sie die Übung verstanden haben. Vieles wird dann auch von selbst klarer.

Wenn Vorbereitungen notwendig sind, empfiehlt sich eine zügige Abwicklung. Es sollte nicht zu viel Zeit auf Mannschaftsbildung oder das Wegräumen der Stühle verwendet werden. Hier können alle Beteiligten helfen.

Lernziele:

- Übungen klar und anschaulich erklären
- Teilnehmer zum Mitmachen motivieren

Rollenspiele anleiten

Auch beim Rollenspiel müssen die Tutoren hinter der angewandten Methode stehen. Wenn sie sich scheuen, auf der „Bühne" Szenen anzuspielen, werden sie die Teilnehmer kaum dazu motivieren können, selbst Rollen zu übernehmen.

Im Rollenspiel können (neue) Verhaltensweisen erprobt werden

Die Rollenspielphase besteht aus fünf Schritten:

1. **Hinführung** zum Rollenspiel durch das Trainer-Tandem.
2. **Präsentation** einer Problemszene durch das Trainer-Tandem.
3. **Erarbeitung von Fortsetzungen** in Form eines Brainstormings oder als Gruppenarbeit.
4. **Spielen der Szene** mit einer „fairen" Lösung, d.h. ohne Gewaltanwendung und derbe Worte. Alle Lösungen werden am Flipchart notiert.
5. **Auswertungsrunde** – angeleitet durch das Trainer-Tandem.

In der Hinführung zum Rollenspiel umreißt das Trainer-Tandem die Ausgangssituation und spielt sie an. Sofern es sich um eine Auseinandersetzung aus einem der Konfliktbilder handelt, bedanken sich die Tutoren für die Bereitschaft des Malers, an dem Konflikt zu arbeiten und vergeben neue Namen für die handelnden Personen. Dies wird durch das Aufkleben von Namensschildern unterstützt. So wird eine Distanz zu den konkreten Personen erreicht, die es leichter macht, daran zu arbeiten.

Die Fortsetzungen der Szene werden im Plenum in Form eines Brainstormings oder aber in Kleingruppen erarbeitet. Mögliche Konfliktlösungen werden am Flipchart notiert.

Dann erhalten die Teilnehmer Zeit, sich für eine Fortsetzung, die sie anspielen möchten, zu entscheiden. In den ersten Einheiten bleibt ein Tutor in einer der Rollen und spielt die Szene mit den Teilnehmern nacheinander durch.

Mit den älteren Schülern kann man schneller dazu übergehen, die gesamte Szene von den Teilnehmern selbst spielen zu lassen. Hier muss entsprechend Zeit für die Verteilung der Rollen und zur kurzen Probe eingeplant werden.

Welcher Spieler oder welche Gruppe anfängt, sollte den Teilnehmern überlassen werden. Wenn keiner freiwillig den Anfang machen möchte, kommen alle im Uhrzeigersinn nacheinander an die Reihe. Es ist wichtig, dass sich *alle* Schüler am Rollenspiel beteiligen.

Abgeschlossen wird die Rollenspielphase mit einer Auswertungsrunde. Diese kann durch folgendes Ritual eingeleitet werden: Alle Teilnehmer kleben einen Selbstklebepunkt auf das Flipchart hinter die Lösung, die sie auch in einer wirklichen Streitsituation anwenden würden und gleichzeitig für fair halten. Dabei muss es sich nicht um die Szene handeln, bei der der jeweilige Teilnehmer selbst mitgespielt hat.

Die Ergebnisse werden vom Trainer-Tandem zusammengefasst und kommentiert. Dem kann sich eine Diskussion anschließen.

Lernziele:

- × einen Konflikt selbst vorspielen
- × für eine aktive Beteiligung der Teilnehmer in der Rollenspielphase sorgen
- × die Auswertung der Rollenspiele strukturieren

Brainstormings durchführen

Wie auf Seite 38/39 ausführlich dargestellt, ist das Brainstorming eine praktikable und sehr konstruktive Methode der Ideenfindung.

Die Hauptaufgabe der Tutoren während eines Brainstormings ist, auf die Einhaltung der Regeln zu achten, und vor allem, diese Regeln auch selbst zu befolgen.

Zur Erinnerung:

Die Regeln lauten:

1. So viele Ideen sollen so schnell wie möglich genannt werden.
2. Die Ideen anderer können aufgegriffen und weiterentwickelt werden.
3. Alles wird aufgeschrieben – ohne zu strukturieren oder zu selektieren.
4. Kommentare und Kritik sind verboten.

Oft zögern die Trainer-Tandems bei der Mitschrift von sehr ähnlichen oder scheinbar unrealistischen Beiträgen. Hier müssen die Ausbilder darauf achten, dass das Tandem wirklich alle Beiträge aus der Gruppe kommentarlos notiert.

Damit keine Idee verloren geht, ist es wichtig, dass die Tutoren die Teilnehmer bremsen, wenn die Beiträge zu schnell zugerufen werden. Am besten gelingt die Durchführung, wenn sich die Trainer-Tandems die Aufgabe teilen: Einer konzentriert sich auf das Schreiben, der andere holt die Beiträge ein und diktiert sie seinem Co-Trainer stichwortartig. Bei zu langen Beiträgen können die Teilnehmer gebeten werden, diese so umzuformulieren, dass sie in knapper Form aufgeschrieben werden können.

Lernziele:

- × auf die Einhaltung der Brainstorming-Regeln achten
- × die Brainstorming-Regeln selbst befolgen
- × Beiträge kurz und prägnant notieren
- × effektiv mit dem Co-Trainer zusammenarbeiten

Trainingseinheiten vorbereiten

Eine gute Vorbereitung ist bereits die „halbe Miete“ für den erfolgreichen Ablauf des Trainings. Sie umfasst organisatorische und inhaltliche Überlegungen.

Zur organisatorischen Vorbereitung gehört das Bereitstellen von geeignetem Material:

- Plakatwände und Packpapier
- verschiedenfarbige Karten
- Flipchart und Flipchart-Papier
- evtl. Overhead-Projektor und Folien
- Filzschreiber – verschiedenfarbig und in verschiedenen Stärken
- Klebepunkte
- Tesa-Kreppband
- Schere, Lineal

Zur inhaltlichen Vorbereitung zählt:
Auch die Vorbereitung des Seminarraumes ist wichtig. Ein Stuhlkreis kann bereits vorbereitet werden, bevor die Teilnehmer eintreffen.

Die Atmosphäre im Raum kann durch kleine Dekorationen angenehmer gestaltet werden – durch ein paar vorbereitete Flipcharts an den Wänden, eine kleine Topfpflanze, zum Thema passende Poster/Plakate an den Wänden u.a.

Lernziele:

- x die Bedeutung einer guten, organisatorischen und inhaltlichen Vorbereitung erkennen und umsetzen
- x den Trainingsraum ansprechend gestalten

Vermittlungsmethoden: Gruppenleiter-Kompetenzen

Die im vorhergehenden Kapitel beschriebenen **Fertigkeiten** und (methodischen) **Kompetenzen** sollen *allen* Tutoren vermittelt werden. Wenngleich es nicht notwendig ist, dass jeder angehende Fair-Streiten-Trainer alle Kompetenzen erwirbt, steht fest: *Mit dem richtigen Handwerkszeug wächst auch das Selbstbewusstsein für das Auftreten als Tutor.*

Die einfachste Methode, die nötige Kompetenz in der Rolle des Trainers zu erlangen, ist das **„learning-by-doing"**.

Nur durch die persönliche Erfahrung, selbst vor der Gruppe zu stehen, können die angehenden Tutoren erfahren, worauf es dabei ankommt. Mit zunehmender Übung wächst dann die Sicherheit im Umgang mit den Teilnehmern und es können schon in der Vorbereitungsphase mögliche Schwierigkeiten und Knackpunkte erkannt und berücksichtigt werden.

Die persönliche Erfahrung der Trainer lässt sich durch keine Anleitungen und Regeln ersetzen.

Damit aber auch das nicht angeleitete „learning-by-doing" die nötigen Erfolge bringt, müssen die Ausbilder gemeinsam mit den Jugendlichen die Erfahrungen aufarbeiten und ihnen Hilfen für die Weiterentwicklung anbieten.

Modelllernen

Modelllernen liegt dann vor, wenn ein Beobachter Konsequenzen aus dem beobachteten Verhalten einer Person ableitet und sie auf sein eigenes Verhalten überträgt, d.h. also angemessene Verhaltensweisen übernimmt oder unangemessene ablegt.

Die wichtigsten Forschungsergebnisse im Bereich Modelllernen hat **Albert Bandura** (siehe Kurzportrait, S. 177/178) hervorgebracht. Er stellte u.a. fest, dass die Imitation von Verhaltensweisen dann größer ist, wenn das Modell sie vorlebt, und nicht nur darüber redet.

Noch günstiger für die Imitation von Verhaltensweisen ist, wenn das Modell sie zunächst erklärt und sie anschließend ausführt. Das Verhalten eines Modells wird dann mit der größten Wahrscheinlichkeit Einfluss auf das zukünftige Verhalten des Beobachters haben, wenn folgende Bedingungen erfüllt sind:

Das Lernen am Modell eröffnet neue Verhaltensmöglichkeiten

- Das Verhalten des Modells wird positiv verstärkt (belohnt, bestätigt).
- Das Modell wird als positiv empfunden.
- Es bestehen wahrgenommene Ähnlichkeiten zwischen den Eigenschaften des Modells und des Beobachters.
- Es wird positiv verstärkt (belohnt, bestätigt), dass der Beobachter dem Modell Aufmerksamkeit schenkt.
- Das Verhalten des Modells ist sichtbar und deutlich beobachtbar.
- Der Beobachter hat die nötigen Fähigkeiten, um das Verhalten zu übernehmen.

Im Rahmen des Tutoren-Programmes dienen die Seminarleiter als Modelle.

„Je mehr die Ausbilder modellhaft vorleben, was sie inhaltlich vermitteln wollen, umso eher werden sich die Tutoren an diesem Verhalten orientieren und später selbst in ihren Gruppen diese gewünschten Verhaltensweisen an den Tag legen.“ *(Weisbach 1988, S. 131)*

Außerdem fungiert jedes der Trainer-Tandems, das eine Einheit durchführt, zu diesem Zeitpunkt als Modell. Besonders dann, wenn ihr Verhalten vom Seminarleiter positiv verstärkt wird. In diesem Fall spricht man von **stellvertretender Verstärkung**: Die positive Verstärkung des Modells bekräftigt das Verhalten, das die übrigen Teilnehmer möglichst auch übernehmen sollen.

Durch das Feedback der Ausbilder an das Trainer-Tandem wird die Gruppe auf Verhaltensweisen aufmerksam gemacht, die sie so vielleicht nicht beachtet hätte, z.B. *„Besonders gut hat mir gefallen, dass ihr ein Rollenspiel aus den Konfliktbildern abgewandelt habt.“* Nach diesem Lob werden die übrigen Trainer-Tandems zukünftig mit hoher Wahrscheinlichkeit ebenfalls Situationen aus den Konfliktbildern für die Rollenspiele wählen.

Die Ausbilder sowie die angehenden Tutoren dienen als Beobachtungsmodelle, an deren Verhalten deutlich wird, wie Menschen miteinander umgehen und arbeiten.

Daher sollten sie in Bezug auf Kooperation, Toleranz und den Umgang mit Kritik vorbildlich handeln.

Vorteile:

- Verhaltensweisen werden mit Hilfe stellvertretender Verstärkung erlernt.
- Die Ausbilder geben durch ihr Verhalten den Teilnehmern Orientierungshilfen.
- Die Trainer-Tandems stehen mit den übrigen Teilnehmern auf gleicher Stufe und sind daher erreichbare Modelle.

Simulation

Der Begriff Simulation stammt aus dem Lateinischen (simulare) und bedeutet so viel wie „nachahmen" oder „ähnlich machen".

Das Prinzip der Simulation ist die Grundlage der Ausbildung zum Fair-Streiten-Trainer. Nachgeahmt werden die Bedingungen im Training: Die Teilnehmer führen im Laufe der Ausbildung eine Einheit selbstständig durch. Diese dient der Vorbereitung auf ihre Rolle als Tutoren.

Die anderen Schüler simulieren im Gegenzug die Zielgruppe, d.h. Schüler der jüngeren Jahrgänge. Es wird also versucht, das Fair-Streiten-Training möglichst realistisch nachzustellen.

Trotz dieser genauen Rollenverteilung sind die angehenden Tutoren bei der Durchführung ihrer Einheit nicht allein auf sich gestellt. Die Tutoren-Ausbildung ist keine einstudierte Inszenierung, bei der möglichst alles reibungslos ablaufen muss. Schon allein deshalb nicht, weil bei der Durchführung des Trainings mit den jüngeren Schülern ebenfalls nicht alles bis ins kleinste Detail durchgeplant werden kann. Unvorhergesehene Schwierigkeiten und Pannen sind daher kein Beinbruch, sondern stellen im Gegenteil Lernchancen dar.

Es ist jederzeit eine Unterbrechung einer Einheit möglich. In dieser Auszeit können sich die Schüler an die Ausbilder wenden und sie um Rat fragen. Oft genügt schon eine Absprache zwischen den beiden anleitenden Fair-Streiten-Trainern „hinter den Kulissen".

Anschließend kann die Einheit mit Hilfe entsprechender Tipps und Hilfestellungen von Seiten der Ausbilder fortgesetzt werden, als hätte es keine Unterbrechung gegeben.

Für das Trainer-Tandem, das gerade eine Einheit moderiert, ist es wichtig zu erleben, dass es aktive Teilnehmer vor sich hat, die mit Fragen, (De-)Motivation und direkten Reaktionen mitwirken. Nur so kann eine annähernd realistische Atmosphäre entstehen, die mit der in einem „echten" Training mit den jüngeren Schülern vergleichbar ist.

Vorteile:

- Alle Schüler nehmen am Training als Mitwirkende teil und erwerben gleichzeitig Gruppenleiterkompetenzen.
- Es herrschen weitestgehend realistische Bedingungen, mit deren Hilfe eine Übertragung des Gelernten auf die Wirklichkeit vereinfacht wird.
- Jeder angehende Tutor erhält die Möglichkeit, erste Erfahrungen als Trainer zu sammeln.
- Durch den Wechsel der Rollen vom „passiven" Teilnehmer zum aktiven Trainer wird ein Perspektivenwechsel möglich.

Selbstständige Durchführung einer Einheit

Trainer-Fertigkeiten lassen sich am besten erwerben, wenn man sie einfach selbst ausprobiert. Daher muss jeder Teilnehmer die Chance haben, im Rahmen der Ausbildung erste Erfahrungen als Trainer zu sammeln.

Dazu erhalten alle angehenden Tutoren die Aufgabe, zu zweit eine Einheit ihrer Wahl vorzubereiten und durchzuführen. Etwa drei Wochen vor Ausbildungsbeginn werden den Teilnehmern die dazu nötigen Materialien ausgeteilt: inhaltliche Informationen zum Thema der Einheit, Kopien von Arbeitsblättern, Anleitungen zu Warming-ups und sonstiges Material.

Außerdem erhalten die Teilnehmer ein Handout mit „Trainer-Tipps" (s. Anhang, S. 175/176) und eine Übersicht über alle Themen inklusive des Zeitplans.

Das gesamte Material wird in DIN A4-Mappen oder Umschlägen (pro Einheit eine Mappe/ein Umschlag) zusammengeheftet und den Trainer-Tandems rechtzeitig vor Ausbildungsbeginn ausgehändigt.

Im Verlauf der Ausbildung wird dann jeder einmal als Trainer aktiv. Die Seminarleiter ziehen sich in den Phasen, in denen eine Einheit durchgeführt wird, zurück und nehmen eine Beobachterrolle ein (s. Abbildung unten). Im Ausnahmefall können die Ausbilder in den Ablauf eingreifen, beispielsweise wenn fehlerhafte Informationen vermittelt werden oder die Trainer überfordert scheinen.

Umgekehrt hat auch das Trainer-Tandem die Möglichkeit, sich eine „Auszeit" zu nehmen, sich mit den Ausbildern zu besprechen und anschließend mit der Einheit fortzufahren. Diese Regelung wird zu Beginn der Ausbildung angekündigt.

Vorteile:

- Jeder Teilnehmer sammelt erste Erfahrungen als Trainer.
- Die Schüler übernehmen Verantwortung für den Lernprozess. Dies erhöht ihre Lernbereitschaft.

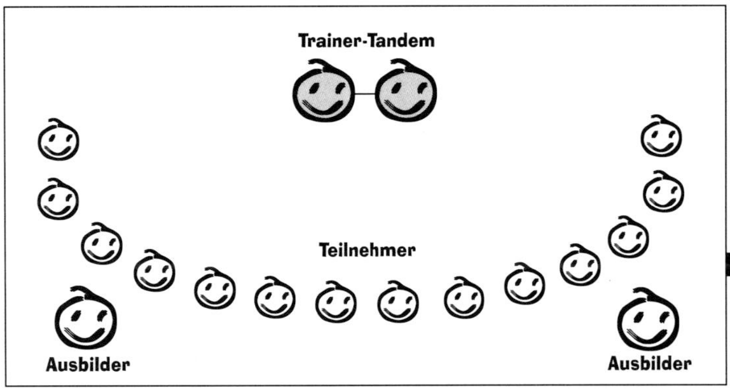

Sitzordnung während einer Einheit

Auswertung und Feedback

Jeder Einheit, die von einem Trainer-Tandem angeleitet wurde, schließt sich eine Auswertungs- und Feedbackrunde an. Diese findet in einem Stuhlkreis statt.

Die Ausbilder schließen dazu den vorher geöffneten Kreis und nehmen die zwei angehenden Fair-Streiten-Trainer in ihre Mitte (siehe Abbildung unten).

Bei der Auswertung geht es in erster Linie darum, das Trainer-Tandem zu entlasten.

Folgende Fragen haben sich als Denkanstöße bewährt:

- Wie zufrieden warst du mit dir?
- Wie zufrieden bist du mit der Zusammenarbeit mit deinem Co-Trainer?
- Wie zufrieden bist du mit der Mitarbeit der Gruppe?
- Was ist dir besonders schwer/ leicht erschienen?
- Gab es irgendwelche Schwierigkeiten im Verlauf? Wie bist du mit ihnen umgegangen?

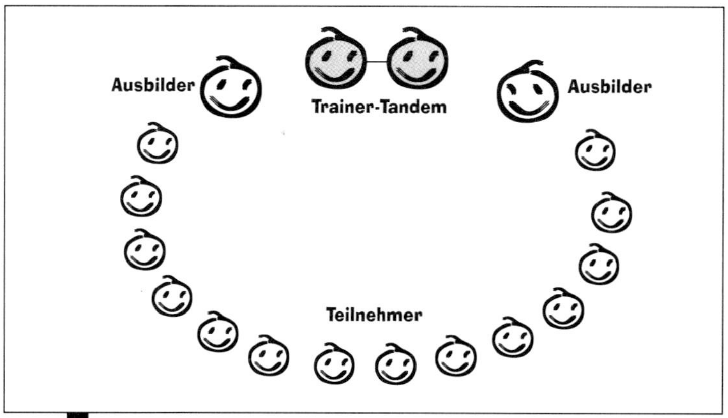

Sitzordnung während der Auswertungs- und Feedbackrunde

Die Ausbilder unterstützen diese Reflexion, indem sie aktiv zuhören. Im Verlauf dieser Darstellungen werden i.d.R. Probleme angesprochen, auf die im Rahmen der Kernpunktesammlung (s. S. 67) zurückgegriffen werden kann.

Zum einen fällt eine enorme Anspannung von den Schülern ab, nachdem sie zum ersten Mal als Trainer gearbeitet haben. Zum anderen geben Lob und Tadel auch eine wichtige Hilfestellung für die Weiterentwicklung der angehenden Fair-Streiten-Trainer.

Zunächst erhält das Trainer-Tandem das Wort. Beide dürfen nacheinander erzählen, wie es ihnen in der Trainerrolle ergangen ist.

Schließlich darf sich das Plenum zur vorangegangenen Einheit auf freiwilliger Basis äußern und Feedback geben. Hier gelten die Regeln, die auf Seite 33 dargestellt wurden. Weil es den Schülern leichter fällt, positives und negatives Feedback getrennt voneinander zu äußern, wird die Rückmeldung von den Ausbildern gesteuert.

Das Feedback erfolgt in dem Fall nach der **„Sandwich-Regel"**, d.h. erst positive, dann negative Kritik, abschließend etwas Positives.

1. **Positives Feedback aus der Gruppe:** „Was hat euch an der Einheit von x und y besonders gut gefallen?
2. **Negatives Feedback aus der Gruppe:** „Was hat euch nicht so gut gefallen? Was würdet ihr vielleicht anders machen?"
3. **Zum Schluss** könnten alle positiven Aspekte samt Änderungsvorschlägen als Anregungen für das nächste Trainer-Tandem noch einmal von den Ausbildern hervorgehoben werden. So bleibt nicht nur negative Kritik im Raum stehen.

Am schwersten fällt es den Trainer-Tandems, sich als Feedback-Empfänger nicht zu rechtfertigen. Das Zuhören ohne Rechtfertigungsversuche ist aber begründet, da es sich bei den Aussagen lediglich um eine Rückmeldung darüber handelt, wie ein bestimmtes Verhalten auf den Feedback-Geber gewirkt hat. Insofern ist die Meinung sehr subjektiv und kann als solche stehen gelassen werden.

Als Grundlage für das Feedback der Ausbilder kann der Beobachtungsbogen (s. S. 65/66) dienen, in den während einer Einheit gemachte Beobachtungen eingetragen werden können.

Das positive Feedback zu Beginn und zum Abschluss ist deshalb so wichtig, weil anerkennende Reaktionen dazu beitragen, das benannte Verhalten zu festigen und zu fördern. Dies gilt zum einen für die Feedback-Empfänger, gleichzeitig profitiert die restliche Gruppe von der Rückmeldung. Hier tritt stellvertretende Verstärkung in Kraft (vgl. S. 60, „Modelllernen").

Das negative Feedback der Ausbilder an die Fair-Streiten-Trainer soll nach Möglichkeit auch Verbesserungsvorschläge enthalten, z.B. *„Beim nächsten Mal könntest du noch darauf achten, etwas langsamer zu sprechen."*

In den wiederkehrenden Auswertungs- und Feedbackrunden stellen die Teilnehmer ihre Fähigkeiten zur Prozessanalyse dar. Dies trainiert die Wahrnehmungsfähigkeit, die den Teilnehmern auch dann zugute kommt, wenn sie später als Tutoren arbeiten.

Vorteile:

- Das Trainer-Tandem wird entlastet.
- Die Wahrnehmungsfähigkeit der Teilnehmer wird geschult.
- Das Trainer-Tandem kann Selbst- und Fremdbild abgleichen.
- Die Ausbilder können Entwicklungsrichtungen aufzeigen.
- Die Ausbilder sensibilisieren die Gruppe für bestimmte Kompetenzen.
- Stellvertretende Verstärkung tritt in Kraft.

Einzelne Elemente der Einheit:

- **freundliche Begrüßung** der Teilnehmer ______
- **Vorstellen und Visualisierung** des **Ablaufs** ______
- verständliche **Erklärung der Warming-ups** ______
- **Raum für Nachfragen** gegeben ______
- verständlicher **Vortrag des Inputs** ______
- **Beispiele zur Erläuterung** gegeben ______
- **Arbeitsblätter** erläutert ______
- **Flipchart-Einträge** erläutert ______
- verständliche **Erklärung und Anleitung der Übung** ______
- verständliche und gut lesbare **Visualisierung der Ergebnisse** ______
- gutes **Anspielen der Ausgangssituation beim Rollenspiel** ______
- verständliche Anleitung u. angemessene Durchführung des **Brainstormings** ______
- gute Moderation während der **Rollenspielphase** ______
- verständliche **Zusammenfassung** der Ergebnisse und **Abschluss** ______
- für die aktive Beteiligung den Teilnehmern **gedankt** ______

Beobachtungsbogen 2

Allgemeine Aspekte und persönliche Eigenschaften der Trainer-Tandems

	⊖	−5	−4	−3	−2	−1	0	+1	+2	+3	+4	+5	⊕
Tandem war/wirkte **überzeugt von der eigenen Einheit**	⊖	−5	−4	−3	−2	−1	0	+1	+2	+3	+4	+5	⊕
wertschätzende Haltung wurde deutlich	⊖	−5	−4	−3	−2	−1	0	+1	+2	+3	+4	+5	⊕
für angemessene **Aufmerksamkeit** wurde gesorgt	⊖	−5	−4	−3	−2	−1	0	+1	+2	+3	+4	+5	⊕
Gruppe konnte **motiviert** werden	⊖	−5	−4	−3	−2	−1	0	+1	+2	+3	+4	+5	⊕
das Tandem hatte die **Gruppe im Blick**	⊖	−5	−4	−3	−2	−1	0	+1	+2	+3	+4	+5	⊕
das Tandem ist auf **Wünsche der Teilnehmer** eingegangen	⊖	−5	−4	−3	−2	−1	0	+1	+2	+3	+4	+5	⊕
das Tandem hat **Hilfe** angeboten	⊖	−5	−4	−3	−2	−1	0	+1	+2	+3	+4	+5	⊕
laute und deutliche **Aussprache**	⊖	−5	−4	−3	−2	−1	0	+1	+2	+3	+4	+5	⊕
es wurde **frei gesprochen**	⊖	−5	−4	−3	−2	−1	0	+1	+2	+3	+4	+5	⊕
gute Absprachen und **Zusammenarbeit des Trainer-Tandems**	⊖	−5	−4	−3	−2	−1	0	+1	+2	+3	+4	+5	⊕
gute **Gestaltung der Übergänge**	⊖	−5	−4	−3	−2	−1	0	+1	+2	+3	+4	+5	⊕
„**Roter Faden**“ der Einheit wurde deutlich	⊖	−5	−4	−3	−2	−1	0	+1	+2	+3	+4	+5	⊕
____________________	⊖	−5	−4	−3	−2	−1	0	+1	+2	+3	+4	+5	⊕
____________________	⊖	−5	−4	−3	−2	−1	0	+1	+2	+3	+4	+5	⊕

Anmerkung: Die Skala dient lediglich als Beobachtungshilfe.
Es geht bei der Beobachtung nicht um eine Bewertung nach Punkten.

Kernpunkte und ihre methodische Bearbeitung

Unter Kernpunkten sind Situationen bzw. Stellen zu verstehen, die während der Durchführung einer Trainingseinheit als kritisch angesehen werden – sei es vom Trainer-Tandem selbst oder auch von den Teilnehmern.

Um solche kritischen Situationen besser zu meistern, wird die Durchführung der Einheit mit den Schülern zusammen auf einer Meta-Ebene analysiert.

Nach einer Moderation und der dazugehörigen Auswertungs- und Feedbackrunde wird im Brainstorming am Flipchart notiert, welche Situationen als problematisch empfunden wurden bzw. welche Situationen sich hätten kritisch entwickeln können. Dabei können auch gruppendynamische Prozesse zur Sprache kommen, z.B. *„Die Gruppe war nur schwer zum Rollenspiel zu motivieren."* oder trainerspezifische Schwierigkeiten, z.B. *„Ich war am Anfang so nervös."*

Da meist mehr Kernpunkte genannt werden, als bearbeitet werden können, muss eine Gewichtung vorgenommen werden.

Die genannten Kernpunkte werden untereinander auf dem Flipchart notiert. Rechts davon wird eine Spalte frei gelassen, in die die Teilnehmer Selbstklebepunkte zur Gewichtung der Aspekte kleben. Alle Teilnehmer erhalten zwei Punkte und kleben je einen Punkt hinter den Kernpunkt, den sie am liebsten bearbeiten möchten (siehe Abbildung oben).

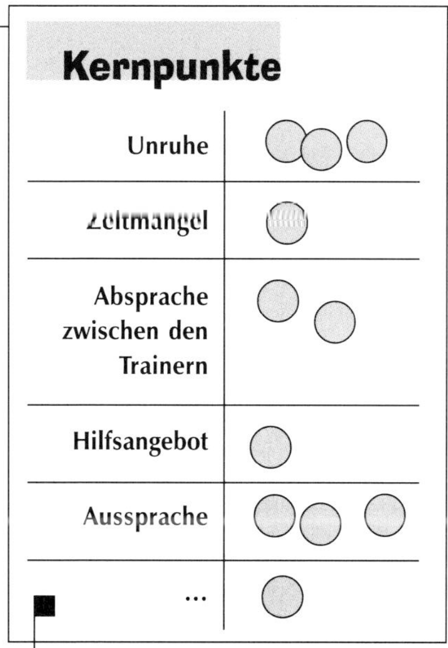

Sammlung und Gewichtung von Kernpunkten

Für die Bearbeitung der Kernpunkte eignen sich verschiedene Möglichkeiten:

1. **Expertenwissen durch die Ausbilder:** Hier können die Seminarleiter von ihren eigenen Erfahrungen berichten und Hinweise auf mögliche Lösungen der kritischen Situationen geben.

2. **Bearbeitung in Kleingruppen:** Zur Besprechung und Bearbeitung einiger Kernpunkte können Kleingruppen gebildet werden, die sich innerhalb einer festgelegten Zeit (ca. 5 Minuten) überlegen, welche Handlungsalternativen es für die entsprechende Situation gibt. Die Ergebnisse werden anschließend im Plenum präsentiert. Dies kann in Form von Kurzvorträgen oder – um dem Modell- und Selbsterfahrungslernen Rechnung zu tragen – besser im Actstorming (s. S. 39) geschehen.

3. **Brainstorming:**
Zu den Kernpunkten, die von der Gruppe am stärksten gewichtet wurden, werden im Brainstorming Lösungsideen gesammelt. Aus diesem Repertoire kann sich schließlich jeder die Ideen heraussuchen, die er für sich als realistisch und umsetzbar empfindet. Sie werden wiederum im Actstorming erprobt.

4. **Ein Actstorming** ist wie folgt aufgebaut: Zunächst wird eine konkrete Ausgangslage auf Basis des ausgewählten Kernpunkts definiert und von einem Trainer-Tandem demonstriert. Nun teilt sich das Plenum in Kleingruppen (2–3 Schüler) auf, die sich innerhalb von ca. 10 Minuten auf ein Verhalten in der vorgegebenen Situation einigen und es evtl. proben. **Anschließend werden die Kleingruppenergebnisse nacheinander auf der imaginären Bühne vor der gesamten Gruppe präsentiert.**

   Die Ausbilder schreiben die Verhaltensalternativen auf einem Flipchart mit. Wenn alle ihre Idee vorgestellt haben, erfolgt die Bewertung der Handlungsalternativen. Diese Bewertung wird mit Hilfe von Selbstklebepunkten vorgenommen: Jeder erhält zwei Punkte und klebt sie auf das Flipchart hinter die Lösung, die er für praktikabel hält.

5. **Das individuelle Üben von Trainerkompetenzen** stellt eine Alternative zu der Bearbeitung der Kernpunkte im Plenum dar: Nicht mehr alle Schüler bearbeiten denselben Kernpunkt, sondern sie können sich aus einer Reihe von Trainerkompetenzen diejenigen aussuchen, die sie noch üben wollen. Mögliche Trainerkompetenzen stehen auf einem Flipchart zur Auswahl:

mögliche Trainerkompetenzen

- **Warming-up anschaulich erklären und angemessen durchführen**
- **Brainstorming moderieren und mitschreiben**
- **Flipchart zum Ablauf kreativ gestalten**
- **für Ruhe in der Gruppe sorgen**
- **die Gruppe motivieren**
- **ein Rollenspiel vorführen und die Rollenspielphase anleiten**
- **improvisieren**
- **Vortrag spannend und lebendig erzählen**
- **Theorie-Input verständlich und interessant vortragen**

Diese Form der Bearbeitung stößt häufig auf besonders positive Resonanz, weil es in der Präsentation zu mehr Abwechslung führt. Außerdem können die Schüler gezielt an ihren Problemen arbeiten, sodass die Motivation in dieser Arbeitsphase eindeutig ansteigt.

Die dargestellten Methoden können kombiniert oder alternativ angewandt werden.

Da ein Actstorming sehr viel Zeit und die Konzentration der Teilnehmer stark in Anspruch nimmt, sollten maximal zwei Actstormings an einem Seminartag durchgeführt werden.

Vorteile:

- Die Schüler erkennen schwierige Situationen als Gruppenleiter.
- Die Kernpunkte sind die Arbeitsgrundlage für das gezielte Üben von Trainerkompetenzen.
- Die Herausarbeitung von Kernpunkten macht es möglich, auf gruppenspezifische Probleme einzugehen.
- Die Schüler finden selbst Lösungsideen für ihre Fragen.

Im Folgenden werden einige Kernpunkte aufgeführt und mögliche Herangehensweisen hierzu vorgestellt:

1. Unruhe in der Gruppe

Oft sehen sich die Trainer-Tandems einer unruhigen Teilnehmergruppe gegenüber. Die Frage, die sich dabei stellt, ist: ***„Wie kann ich als Trainer für Ruhe sorgen?"*** (s. S. 51/52).

Actstorming zu diesem Kernpunkt:
Eine Ausgangssituation kann z.B. sein: *Ein Trainer-Tandem möchte eine Folie erläutern, während die ganze Gruppe unruhig ist.* Oder: *Ein Trainer-Tandem möchte ein Warming-up erklären, und die Gruppe konzentriert sich mehr auf ihre Seitengespräche als auf die Anleitung.*

Wenn die Ausgangssituation deutlich macht, dass es sich nur um einige vereinzelte Störer handelt – beispielsweise ein Teilnehmer, der immer laute Zwischenrufe von sich gibt – imitiert einer der Ausbilder diesen Störenfried. Alle anderen Teilnehmer stellen sich hintereinander in eine Reihe und sollen nacheinander den Störer mit unterschiedlichen Methoden besänftigen. Wenn dem Ausbilder eine Strategie wirksam erscheint, lenkt er ein.

Brainstorming:
Auf Grundlage einer festgelegten Ausgangssituation wird ein Brainstorming initiiert, z.B. mit der Frage: *„Was kann ich als Trainer tun, damit die zwei Störenfriede aufhören, sich ständig zu unterhalten?"* Die Bewertung der genannten Ideen erfolgt erst am Ende.

Möglicherweise müssen einige Nennungen aussortiert werden, z.B. wenn nicht durchführbare Ideen aufgeschrieben werden, wie „eine Ohrfeige geben". Dem Brainstorming schließt sich in den meisten Fällen wiederum ein Actstorming an, bei dem sich alle Teilnehmer jeweils zu zweit eine der Ideen aussuchen und anspielen.

Expertenwissen:
Die Ausbilder können von ihren persönlichen Erfahrungen in Bezug auf den Umgang mit unruhigen Gruppen berichten, sofern diese die vorgeschlagenen Strategien aus dem Brainstorming ergänzen.

Eine Liste, die im Brainstorming mit den Schülern erarbeitet wird, kann z.B. folgende Tipps enthalten:

- auf die Regeln verweisen (*„Wenn einer spricht, hören die anderen zu."*)
- auf den Tisch hauen oder einen ähnlichen Schreck-Effekt herbeiführen
- Pause anbieten
- ruhig bleiben und die Gruppe „ausreden" lassen
- zu einzelnen Teilnehmern gehen und sie um Ruhe bitten
- Androhung von Sanktionen
- Grund für die Störung beseitigen bzw. den Störern wegnehmen, z.B. Zeitung o.Ä.
- an Teilnehmer appellieren: *„Das ist auch eure Zeit!"*
- nach dem Grund für die Unruhe fragen, z.B. *„Braucht ihr eine Pause?"*
- Ruhe „aushandeln", z.B. kurze Pause gegen anschließende Ruhe

Darüber hinaus können die Ausbilder die Teilnehmer darauf hinweisen, dass sie in ihrer Funktion als Seminarleiter während ihrer Arbeit mit der Gruppe ebenfalls Taktiken zur Beruhigung anwenden müssen. Darauf sollten die Schüler zukünftig verstärkt achten und sich die angewendeten „Tricks" eventuell abgucken.

2. Demotivation der Teilnehmer

Eine große Angst der Tutoren besteht nicht nur darin, mit Unruhe in der Gruppe nicht fertig werden zu können. Zu den Befürchtungen zählt auch, dass es ihnen möglicherweise nicht gelingt, die Teilnehmer mitzureißen.

Die Ausgangsfrage zu dem Kernpunkt „Demotivation der Teilnehmer" lautet daher: ***„Wie kann ich die Teilnehmer motivieren?"*** (s. S. 50).

Kleingruppenarbeit:
Um bei den angehenden Tutoren einen Wechsel der Perspektiven anzuregen (also den Wechsel von der Rolle des Leiters zur Rolle des Teilnehmers), wird eine Kartenabfrage mit den zwei folgenden Fragestellungen durchgeführt:

1. Wann bin **ich** motiviert, mitzumachen?
   und
2. Was kann **ich** dazu beitragen, dass ich motiviert bin?

Erst nachdem die Schüler dafür sensibilisiert worden sind, dass es auch Maßnahmen zur Steigerung der Motivation gibt und man für seine eigene Motivation selbst etwas tun kann, wird das eigentliche Problem angegangen.

Die Teilnehmer gehen zu der Frage über, welche Möglichkeiten sie aus der Sicht eines Trainers sehen, die Gruppe zu motivieren.

Übliche Antworten auf die erste Frage sind:

Ich bin motiviert mitzumachen, ...

- wenn es abwechslungsreich und interessant ist.
- wenn die Trainer sympathisch sind.
- wenn ich aufmerksam und ausgeschlafen bin.
- wenn mir die Aufgabe Spaß macht.
- wenn man mir Mut zuredet.
- wenn ich weiß, dass ich was von der Aufgabe habe.
- wenn ich der Gruppe vertrauen kann und ich weiß, dass ich nicht ausgelacht werde.
- wenn der Trainer spannend und lebendig vorträgt.
- wenn die Atmosphäre in der Gruppe gut ist.

Die Frage nach dem ***eigenen*** Beitrag zur Motivationssteigerung kann folgende Aspekte liefern:

Damit ich motiviert bin, kann ich ...

- ausgeschlafen sein.
- mich konzentrieren und aktiv mitarbeiten.
- ruhig sein und mich an die Regeln halten.
- die Mühe und Arbeit der Trainer honorieren.
- mir sagen, dass ich jetzt dazu Lust habe.
- sagen, wenn mich etwas stört.

Actstorming:
Die Kartenabfrage hat die Schüler für die eigene Motivationslage sensibilisiert. Nun werden im Actstorming Verhaltensweisen erprobt, mit denen die Schüler *als Trainer* die Teilnehmer motivieren können.

Eine Ausgangssituation dazu kann beispielsweise sein: *Die Gruppe beteiligt sich in der Rollenspielphase trotz mehrfacher Appelle durch das Trainer-Tandem kaum.*

Mögliche Verhaltensweisen, die erarbeitet und erprobt werden, sind:

- direkte, wiederholte Aufforderung der Teilnehmer
- die Ausgangssituation auf die Teilnehmer beziehen, z.B. eine Situation aus den Konfliktbildern auswählen
- erst an freiwillige Teilnahme appellieren, dann alle verpflichten
- Mut zusprechen
- Trainer-Demonstration: *„Wir machen vor, ihr macht nach …"*
- nach Gründen für die fehlende Motivation fragen: *„Was würde es dir leichter machen …?"*
- zu zweit spielen lassen

3. Umgang mit der eigenen Nervosität

Die Tutoren sind es aus ihrem Schulalltag in der Regel nicht gewohnt, vor einer Gruppe zu stehen und die Leitung zu übernehmen. Sie sind vor und während ihrer Präsentationen nach eigenen Angaben zum Teil sehr nervös, was sich auch in ihrem Auftreten ausdrückt: Einige stottern oder verlieren den roten Faden während ihrer Einheit.

In der Kernpunkte-Bearbeitung steht daher auch immer wieder die Frage im Mittelpunkt: ***„Wie kann ich meine eigene Nervosität in den Griff bekommen?"*** (s. S. 47/48).

Kleingruppenarbeit:
Es kann zunächst eine Kartenabfrage in Kleingruppen durchgeführt werden. Die Schüler müssen zwei Fragen beantworten: Auf einer Karte notieren sie, wovor sie genau Angst haben, warum sie also nervös sind; auf eine andere Karte schreiben sie eine Verhaltensmöglichkeit, wie sie damit in der entsprechenden Situation umgehen könnten.

Die Schüler antizipieren auf diesem Weg positive Verhaltensweisen, die sie im anschließenden Actstorming sich zu eigen machen können.

Im Folgenden finden Sie einen Auszug aus der Liste, wie sie gemeinsam mit Schülern auf einer Metaplanwand erarbeitet worden ist:

Wovor ich Angst habe ...		Wie ich mit meiner Unsicherheit umgehen kann ...
... dass ich mich blamiere	→	Ich muss mich gut vorbereiten und fest daran glauben, dass ich es kann.
Unruhe in der Gruppe	→	Cool bleiben, ich lasse mich nicht aus dem Konzept bringen und trete selbstbewusst auf.
... ausgelacht zu werden	→	Ich muss die Angst überwinden und selbst über mich lachen können (auch wenn etwas schief geht).
Blackout	→	Locker bleiben und mir sagen, dass ich ein Blackout auch niemandem verübeln würde.
... dass ich nicht ernst genommen werde	→	Sich gegenseitig aufbauen und Mut zureden (Co-Trainer und Trainer).
Gelächter aus der Gruppe und das Gefühl, dass ich nicht akzeptiert werde	→	Gelächter ignorieren; offen ansprechen, was mich verunsichert.

Actstorming:
Im Actstorming werden die in der Tabelle gesammelten Situationen angespielt. Um dieselbe Ausgangsbasis für alle Teilnehmer zu schaffen, wird als Ausgangssituation ein Blackout simuliert, z.B.: *Das Trainer-Tandem will eine Folie erklären, und der eine Moderator weiß nicht mehr, was er sagen wollte.*

Verhaltensweisen, die dazu von den Schülern angespielt werden könnten:
- Nervosität offen zugeben
- den Co-Trainer bitten weiterzumachen
- Teile, bei denen ich mich unsicher fühle, weglassen
- nicht so viel reden, statt dessen Fragen an die Gruppe richten

Expertenwissen:
Die Ausbilder sprechen den Teilnehmern Mut zu: Lampenfieber ist ganz normal, und Fehler sind nur allzu menschlich.

Gerade, weil es sich bei den Tutoren um Jugendliche handelt, sind die jüngeren Schüler gerne bereit, Fehler zu verzeihen. Erfahrungen haben bestätigt, dass die „Kleinen" – zumindest bei Anwesenheit einer Lehrkraft – sehr motiviert und diszipliniert sind und es den Tutoren relativ leicht machen, die eigene Unsicherheit zu überwinden.

4. Nicht ernst genommen werden

Eine ähnliche Befürchtung der Tutoren wie das Versagen aufgrund von Nervosität ist, dass sie von den Fünft- und Sechstklässlern nicht ernst genommen werden. Aufgegriffen wird daher die Frage:
„Wie kann ich mich verhalten, wenn ich von der Gruppe nicht ernst genommen werde?"

Kleingruppenarbeit:
Um mögliche Gründe, für das Nicht-ernst-genommen-werden herauszuarbeiten, wird eine Kartenabfrage durchgeführt.
In Kleingruppen sollen sich dazu die Schüler zu den beiden folgenden Fragen Gedanken machen:

1. Wann nehme ich einen Trainer ernst?
2. Was kann ich als Trainer tun, um ernst genommen zu werden?

Die Ergebnisse notiert jede Kleingruppe für sich. Mögliche Antworten werden an der Metaplanwand gesammelt: Auf die Frage, wann die Schüler selbst einen Trainer ernst nehmen, wird am häufigsten das selbstbewusste Auftreten genannt. Wenn ein Trainer selbstbewusst wirkt, erhöhen sich seine Chancen, von den Schülern akzeptiert zu werden.

Ein wichtiger Hinweis in dem Zusammenhang ist, dass jemand nur Selbstbewusstsein ausstrahlen kann, wenn er sich auch entsprechend fühlt.

Zum Thema „Selbstbewusstes Auftreten" bietet sich hier eine Zuruf-Frage an, bei der genau dieser Aspekt deutlich werden sollte.

„Wie kann ich Selbstbewusstsein ausstrahlen?"

Typische Nennungen dazu lauten:

- im Thema fit sein
- Fragen beantworten können
- locker und lässig vor der Gruppe stehen
- durch die Körperhaltung: aufrecht stehen
- durch die Sprache: deutlich und laut sprechen
- Blickkontakt zur Gruppe halten
- freundlich, aber bestimmt auftreten
- keine Sanktionen androhen, wenn Konsequenzen nicht folgen
- selbst Spaß haben!!

Actstorming:
Diese Merkmale eines selbstbewussten Gruppenleiters werden in Sequenzen, in denen jeder Teilnehmer vor die Gruppe treten muss, geübt. Jeder stellt sich dazu auf die imaginäre Bühne und erzählt eine kurze Geschichte zu einem vorgegebenen Thema, z.B. *„Mein schönstes oder mein traurigstes Kindheitserlebnis"*, wobei er auf die o.g. Kriterien achtet.

Um Zeit zu sparen, wird die Gruppe in zwei Kleingruppen aufgeteilt und in dieser Phase parallel von je einem Ausbilder betreut.

5. Sonstige Kernpunkte

Drei Kernpunkte, die erfahrungsgemäß seltener benannt werden, sind im Folgenden in Kurzform dargestellt. Ihre Bearbeitung orientiert sich stets an den eingangs beschriebenen Methoden.

Kernpunkt: Improvisieren
Es kommt vor, dass sich ein Trainer-Tandem nicht an den vorgegebenen Ablauf halten kann: Die Tutoren sind früher mit ihrer Einheit fertig, eine Kleingruppe ist vor allen anderen fertig oder die Tutoren fühlen sich plötzlich unsicher und wissen nicht mehr, wie sie etwas erklären sollen. In diesen und ähnlichen Situationen ist die Fähigkeit des Improvisierens hilfreich. Zur Bearbeitung dieses Kernpunktes kann eine Kartenabfrage in **Kleingruppen** durchgeführt werden. Die Fragestellung lautet: ***„Was kann ich tun, wenn ich unvorbereitet bin und deshalb improvisieren muss?"***

Es bietet sich auch ein **Actstorming** an: Damit die Schüler spontan handeln können, wird von den Ausbildern z.B. eine schwierige Mathe-Aufgabe auf einem Flipchart notiert, die das Trainer-Tandem der Gruppe erklären soll.
Die Schüler bekommen die Aufgabe erst zu Gesicht, wenn sie vor ihren Mitschülern stehen. Diese knifflige Situation kann zum Beispiel dadurch gelöst werden, dass das Trainer-Tandem die Verantwortung einfach an die Gruppe abgibt: Die Teilnehmer sollen die Teile der Mathe-Aufgabe erklären, die sie verstehen. So wird gemeinsam die Lösung ermittelt.

Kernpunkt:
Absprachen zwischen den Tutoren
Nicht immer klappt die Arbeit im Team reibungslos: Einer hat einen zu hohen Redeanteil; jemand erklärt eine Folie anders, als es vorher abgesprochen wurde, oder das Tandem ist sich über den Ablauf nicht einig. Die Ausgangsfrage bei diesem Kernpunkt lautet: ***„Was ist zu tun, wenn es, bezogen auf inhaltliche oder formale Absprachen, Diskrepanzen zwischen den Tutoren gibt?"***

Die Ausbilder können an dieser Stelle beispielsweise ihr **Expertenwissen** anbieten und Teilnehmer darüber informieren, dass Meinungsdifferenzen bezüglich des Inhalts oder des Vorgehens ruhig vor der Gruppe geklärt werden können. Persönliche Konflikte zwischen den Trainern sollten am besten in einem vertraulichen Gespräch nach dem Training geklärt werden.

Eine Aussprache vor den anderen Teilnehmern könnte zu ihrer Verunsicherung führen. Wenn der persönliche Konflikt die Zusammenarbeit der Tutoren zu stark beeinträchtigt, sollten sie eine Pause einlegen und sich über das weitere Vorgehen verständigen. Bei Meinungsdifferenzen bezüglich des Inhalts kann hingegen die gesamte Gruppe einbezogen werden.

Kernpunkt: Visualisierungen
Aufgrund fehlender Erfahrung im Umgang mit den eingesetzten Medien – Flipchart und Metaplanwand – haben einige Schüler Schwierigkeiten damit, sie gekonnt einzusetzen. Ein häufig geäußertes Problem ist die unübersichtliche Darstellung sowie eine unleserliche Schrift.

Da es sich beim strukturierten Visualisieren von Inhalten um eine grundlegende Trainerkompetenz handelt, sollten die Teilnehmer möglichst viele Übungsmöglichkeiten dazu erhalten.

Zum Üben dieser Fertigkeit können verschiedene Kleingruppen-Aufgaben angeregt werden: Durch eine spontane Kartenabfrage (zu einem beliebigen Thema) wird z.B. das Notieren auf Karten geübt. Dazu gehört auch das anschließende strukturierte Befestigen der Karten an der Metaplanwand. Schüler, die lieber die schnelle Mitschrift am Flipchart üben wollen, dürfen ein Brainstorming zu einem beliebigen Thema durchführen, z.B. „Geburtstagsgeschenke für Großeltern".

Eine weitere Übungsmöglichkeit sind **einzelne Abfragen durch die Ausbilder**, bei denen z.B. jeder nach vorne kommen und seine Aussage an der Metaplanwand schriftlich festhalten kann.

Actstorming:
Zu einem Kernpunkt werden im Brainstorming Lösungsideen gesammelt und notiert. Nach einer Reflexionsphase, in der die Trainer-Tandems überlegen, welche Verhaltensalternative sie aus dieser Liste ausprobieren möchten, wird eine konkrete Ausgangssituation so gut wie möglich nachgestellt. Das Trainer-Tandem, das mit dem Actstorming beginnt, darf noch Wünsche hinsichtlich der Situation äußern. Dann folgt ein Anspielen der Ausgangssituation und einer neuen Verhaltensmöglichkeit. Nacheinander spielen alle Tandems die Szene mit „ihrer" Lösungsidee an.

Ein Beispiel für den **Ablauf eines Actstormings**:

- **Kernpunkt**: *„Demotivation der Gruppe"*
- Die **Ausgangssituation** für das Actstorming **wird konkretisiert**: *„Als die Trainer das Warming-up erklären wollten und viele Teilnehmer mit Desinteresse und Ablehnung reagiert haben."*
- **Brainstorming**: *„Wie kann der Trainer in diesem Fall die Teilnehmer motivieren?"*
- **Reflexionsphase** (ca. 5 Minuten) – **Kleingruppenarbeit in Trainer-Tandems**: Einigung auf eine mögliche Lösung und evtl. Proben dieser Szene.
- **Actstorming**: Anspielen der Ausgangssituation und der Verhaltensmöglichkeit, die ein Trainer-Tandem ausprobieren möchte.
- Jedes Trainer-Tandem spielt seine ausgedachte Lösung an. Neue Einfälle dürfen spontan ausprobiert werden.

Mögliche Verhaltensweisen, die im Actstorming für den Kernpunkt „Demotivation der Gruppe" angespielt werden könnten:

- ausweichen auf ein anderes Warming-up
- autoritäres Auftreten und laut werden
- nach den Gründen für das Desinteresse fragen

Auch im Actstorming dürfen alle denkbaren Verhaltensweisen gespielt werden, selbst wenn sie zunächst unrealistisch erscheinen. Wie beim Brainstorming geht es auch hierbei nicht um die Qualität der Darbietung, sondern vielmehr um das Experimentieren und die Einsicht, dass man sich in ein und derselben Situation ganz unterschiedlich verhalten kann.

Individuelles Üben von Trainerkompetenzen

Die Vorgehensweise beim individuellen Üben der Trainerkompetenzen ist an die aus dem angelsächsischen Raum stammenden Methode des Microteaching angelehnt. Dabei werden neu zu lernende, komplexe Verhaltensweisen in Schritte zerlegt, die sukzessive eingeübt werden. Erst wenn der Teilnehmer die einzelnen Elemente des angestrebten Verhaltens beherrscht, werden alle Einzelschritte zum gesamten Verhaltensablauf zusammengeführt.

Nachdem schon einige Male ein Actstorming zu einem Kernpunkt durchgeführt wurde und die Schüler mit der Methode vertraut sind, können die Kernpunkte nach Bedarf von den Trainer-Tandems bearbeitet werden.

Das bedeutet: Es wird nicht mehr ein Kernpunkt ausgewählt und von allen Trainer-Tandems gleichzeitig bearbeitet. Statt dessen werden **typische Traineraufgaben** an ein Flipchart geschrieben (siehe Abbildung unten), von denen sich die Schüler eine aussuchen können. Diese können sie dann jeweils mit dem Co-Trainer zusammen bearbeiten.

Die Teilnehmer erhalten Zeit, sich auf je eine Fertigkeit zu einigen und die Szene zu proben. Schließlich präsentieren alle Gruppen ihr Ergebnis im Plenum, indem sie ein Actstorming durchführen.

Trainerkompetenzen

→ Ablaufplan auf dem Flipchart kreativ gestalten
→ Warming-up verständlich erklären und durchführen
→ Brainstorming moderieren und mitschreiben
→ Für Ruhe sorgen
→ Die Gruppe motivieren
→ Rollenspiel anleiten
→ Improvisieren
→ Eine Geschichte lebendig erzählen
→ Theorie-Input interessant vortragen
→ usw.

typische Traineraufgaben

Vorteile:

- × Jeder Einzelne übernimmt Verantwortung für seinen Lernprozess und findet heraus, was ihm fehlt und woran er gezielt arbeiten muss.
- × Die Lernbedürfnisse werden individuell befriedigt.
- × Die Teilnehmer lernen in kleinen Schritten und fühlen sich nicht überfordert.
- × Für die Gruppe ist es interessanter, verschiedene Actstormings zu beobachten als stets nur Schlüsselszenen zu ein und demselben Kernpunkt.

© Verlag an der Ruhr
Postfach 10 22 51
45422 Mülheim an der Ruhr
www.verlagruhr.de

Übungen für den rhetorischen Bereich

Um freies Reden zu üben und zugleich das Selbstbewusstsein der Teilnehmer zu stärken, sollten die Teilnehmer so oft wie möglich vor der Gruppe stehen.

Gleich zu Beginn der Ausbildung kann jeder vor die Gruppe treten und in wenigen Sätzen sagen, wer er ist, was er macht und was er von dem Seminar erwartet.
In Kurzübungen werden der Stand, die Haltung, der Blickkontakt und die Gestik trainiert (s. S. 46). Beispielsweise können sich alle eine kurze Geschichte ausdenken (oder nacherzählen) und sie dann der Gruppe vortragen. Die Ausbilder sollten ein Thema wählen, zu dem jeder etwas zu sagen hat, z.B. „Mein schönstes/traurigstes Kindheitserlebnis“.

Um die Übung zu verkürzen, wird die Gruppe in zwei kleinere Gruppen geteilt und von je einem Ausbilder in verschiedenen Räumen betreut. Nachdem alle ihre Geschichten erzählt haben, werden gemeinsam positive wie negative Auffälligkeiten im Verhalten eines Vortragenden erarbeitet und am Flipchart notiert. Diese Liste kann aussehen wie in der folgenden Abbildung angedeutet.

Vorteile:

- × Die Teilnehmer gewinnen als Gruppenleiter an Sicherheit.
- × Die Übungen machen der Gruppe viel Spaß.
- × Die Wahrnehmungsfähigkeit der Teilnehmer wird geschult.

Trainerkompetenz: freies Sprechen

- → angemessene Mimik und Gestik
- → Sprachfluss
- → aufs Publikum zugehen
- → Stimmlage variieren: laut – leise, schnell – langsam
- → Blickkontakt
- → aufs Publikum eingehen (reagieren)
- → Struktur: Einleitung und Abschluss
- → Situation „nachleben“
- → Konzentration
- → kurz und prägnant, statt zu ausschweifend
- → freundlicher Blick

Was macht einen interessanten Redner aus?

Übungen zum Einsatz von Medien

Um den Schülern die wenig vertrauten Medien Flipchart und Metaplanwand (S. 53) näher zu bringen, müssen die Ausbilder dazu möglichst viele Übungsmöglichkeiten anbieten. Gleich zu Beginn des Seminars sollen sich die Schüler vor die Gruppe stellen, ihren Namen sowie die Motivation zur Ausbildung nennen und diese Angaben an der Metaplanwand schriftlich festhalten.

Wünsche und Befürchtungen in Bezug auf das Seminar werden per Kartenabfrage erfragt. Auch bei dieser Aufgabe sollen die Schüler ihre Karten selbstständig an der Metaplanwand anbringen und dabei auf Übersichtlichkeit und eine leserfreundliche Schrift achten.

Ein Tipp: Die Karten lassen sich einfacher anpinnen, wenn man dabei einen Fuß auf das Gestell der Metaplanwand stellt.

Am besten lernen die Schüler den Umgang mit den Medien , wenn sie selbst als Gruppenleiter in Aktion treten. Eine ähnlich gute Übungsplattform stellen die Actstormings (s. S. 39) sowie die individuelle Bearbeitung der Trainerkompetenzen (s. S. 77) dar.

Vorteile:

- Die Teilnehmer werden zunehmend mit den Medien vertraut.
- Ein spielerisches Heranführen nimmt Angst und motiviert.

Inputs auf Meta-Ebene

Neben praktischen Übungen können natürlich auch theoretische Informationen, Hinweise und Ratschläge den Teilnehmern helfen, in ihre Tutoren-Rolle hineinzuwachsen.

Die Ausbilder können beispielsweise als Experten den angehenden Fair-Streiten-Trainern Hinweise geben, wie sie sich in bestimmten Situationen verhalten können.

Teilweise wird auch beim Bearbeiten der Kernpunkte (s. S. 67–75) auf die theoretische Abhandlung ausgewichen. Solche Inputs finden auf einer übergeordneten Ebene statt. Die Ausbilder versuchen, den Schülern Wissen zu einem Themengebiet zu vermitteln, indem sie als Experten sprechen.

Inputs können auch gegeben werden, wenn die Ausbilder den Eindruck haben, dass in einer Einheit eine wichtige Information untergegangen ist oder noch Unklarheit bei den Trainingsteilnehmern herrscht.

Vorteile:

- Die Teilnehmer profitieren von dem Erfahrungsvorsprung der Ausbilder.
- Durch Inputs kann ein Themengebiet vertieft werden.
- Die Ausbilder beantworten die Fragen der Schüler direkt und können zusätzliche Informationen liefern.

Rucksackwand

Die angehenden Fair-Streiten-Trainer sollen natürlich mit allen Elementen des Fair-Streiten-Trainings für Fünft- und Sechstklässler vertraut werden. Dazu zählt auch die Rucksackwand (s. S. 43/44) Sie dient den älteren Schülern dazu, zu reflektieren, welche Trainerkompetenzen sie sich angeeignet haben.

Diese dürfen sie genauso in ihren Rucksack schreiben, wie die jüngeren Schüler die Kompetenzen der Konfliktfähigkeit dort „hineinpacken".

Vorteile:

- Jeder Teilnehmer hat am Ende des Trainings eine persönliche Sammlung vor sich, die seine Lernergebnisse im Bereich Gruppenleitung und im Bereich Konfliktfähigkeit dokumentiert.
- Da die Kompetenzen im Bereich Konfliktfähigkeit bei den meisten Schülern der älteren Jahrgänge als gegeben vorausgesetzt werden können, ist die Sammlung von methodischen Gruppenleiterfertigkeiten umso wichtiger.

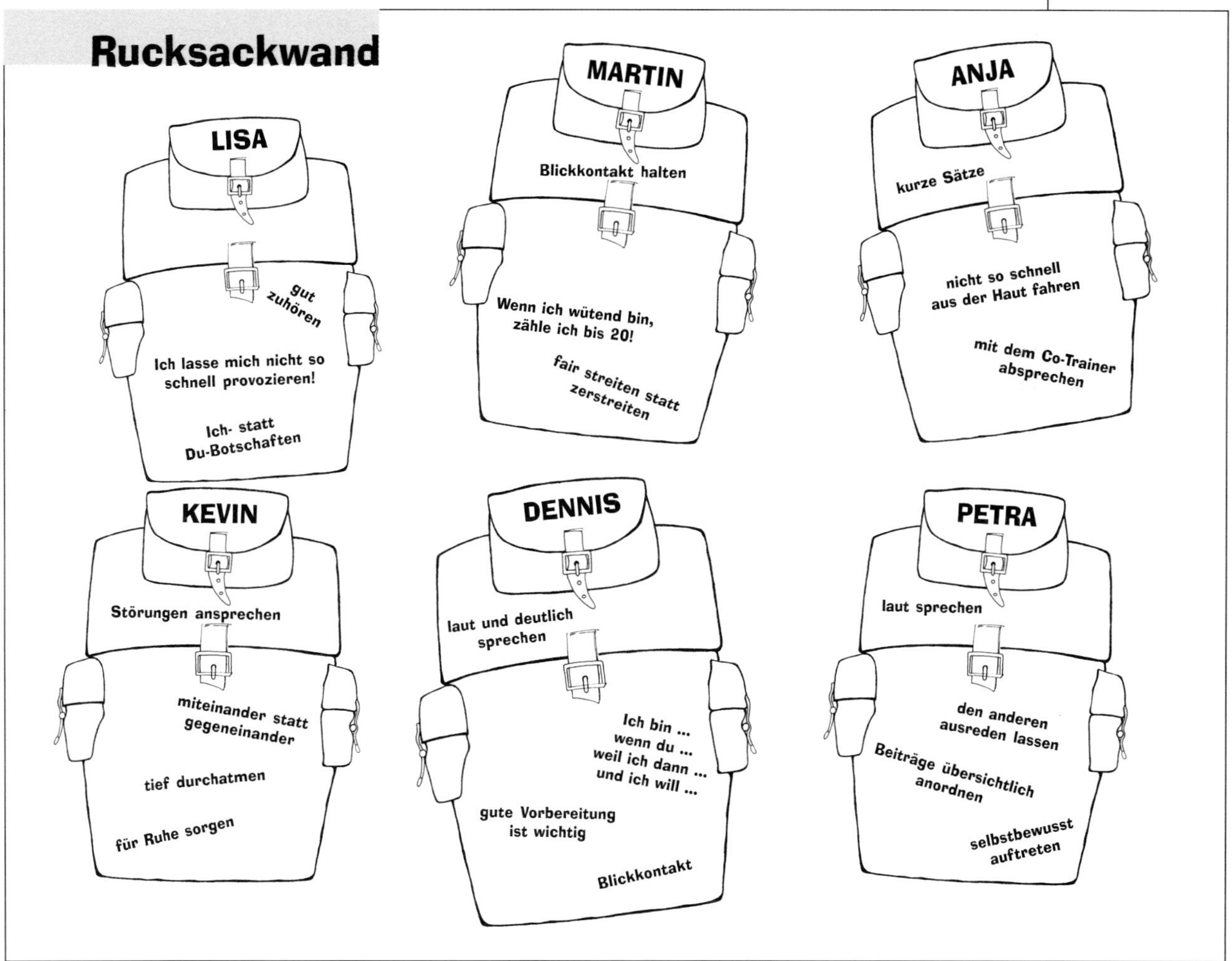

mögliche Lernzielformulierungen für die Rucksackwand

Kapitel 6

Rahmengebende Bausteine

Eine klare Ausbildungsstruktur bietet sowohl dem Leiter als auch den Teilnehmern Sicherheit.

Wir haben uns daher bei der Gestaltung des Fair-Streiten-Trainings und der Ausbildung zum Fair-Streiten-Trainer um Transparenz und wiederkehrende Elemente bemüht (s. S. 36–44). Darüber hinaus gibt es Bausteine, die die Ausbildung wie einen Rahmen umgeben.

Diese werden in dem folgenden Kapitel beschrieben.

Begrüßung

Die Begrüßung ist der Auftakt für die folgende Zusammenarbeit. Sie sollte daher zu der Atmosphäre beitragen, die während des Seminars herrschen soll.

Einzeln eintreffende Teilnehmer werden individuell begrüßt und gebeten, bei den restlichen Vorbereitungen – Stuhlkreis aufbauen, Flipcharts befestigen u.a. – mitzuhelfen. Wenn alle Teilnehmer (hoffentlich pünktlich) anwesend sind, setzen sich alle in den Stuhlkreis und werden offiziell zur Ausbildung willkommen geheißen.

Einstieg teilnehmerorientiert gestalten

Diese Geste kann durch ein entsprechend nett gestaltetes Flipchart unterstützt werden (siehe Abbildung unten). Die Ausbilder stellen sich kurz vor und bitten darum, dass jeder Teilnehmer seinen Namen auf ein Tesa-Kreppband schreibt und somit namentlich ansprechbar wird. Nun kann der Sinn und Zweck der Ausbildung zum Fair-Streiten-Trainer durch die Ausbilder erläutert werden.

Flipchart „Herzlich Willkommen“

Vorteile:

- Eine freundliche Begrüßung trägt zur angenehmen Gruppenatmosphäre bei.
- Die Ausbilder übernehmen den Auftakt für das Seminar und geben den Teilnehmern schon eine gewisse Richtung vor.

Stabrunde mit Gefühlskärtchen

Gefühlskärtchen

Nach einer Begrüßung, die durch die Ausbilder erfolgt, wird zu Beginn jeder Sitzung eine kurze „Befindlichkeitsrunde“ durchgeführt. Diese erfolgt in Form eines Blitzlichts.

Zur Verdeutlichung der ersten Regel (s. S. 83), dass in der Runde nur einer spricht, und zwar der, der gerade das Redezeichen in der Hand hält, erhält der erste Redner einen Stab, den er weitergibt, wenn er ausgeredet hat.

Gefühlskärtchen (s. Abb. oben; Kopiervorlage, s. S. 117) erleichtern die Artikulation der momentanen Stimmung. Ein strahlendes Gesicht drückt aus: *„Mir geht es super!“*, während ein Kärtchen mit einem grimmigen Gesicht sagen soll: *„Ich bin schlecht gelaunt.“*

Derjenige, der gerade den Stab in der Hand hält, zeigt seine Karte hoch und begründet in zwei bis drei Sätzen, warum er sich für diese Karte entschieden hat. Es gibt keine Diskussion oder Stellungnahmen zu den Aussagen anderer.

Gegenüber den älteren Schülern ist es notwendig zu erwähnen, dass die Gefühlskärtchen selbstverständlich für die Zielgruppe des Fair-Streiten-Trainings, also für die jüngeren Jahrgänge, gedacht sind. Trotzdem werden die Stabrunden mit Unterstützung der Kärtchen durchgeführt, damit die zukünftigen Tutoren dieses Trainingselement und seine Durchführung gleich selbst kennen lernen.

Vorteile:

× Die Gefühlskärtchen erleichtern den Ausdruck der Befindlichkeit.

× Die Tutoren lernen das Trainingsritual kennen.

Regeln für die Zusammenarbeit

Es hat sich bewährt, für eine Zusammenarbeit gemeinsame Vereinbarungen zu treffen. An diese Regeln sollen sich anschließend alle halten. Daher ist es wichtig, dass die Abmachungen von allen getragen und nicht von der Seminarleitung aufgezwängt werden.

Die Regeln, die während der Ausbildung der Fair-Streiten-Trainer – und genauso im Fair-Streiten-Training für Fünft- und Sechstklässler – gelten sollen, lauten:

Erläuterungen zum Flipchart
(siehe Abbildung unten):

Regel 1: Man kann immer nur einer Äußerung folgen. Es zeugt von gegenseitigem Interesse und Respekt, wenn man den anderen Gruppenmitgliedern zuhört.
Im Gegenzug kann jeder Einzelne die Aufmerksamkeit der Gruppe erwarten, wenn er sich äußert.

Regel 2: Das Motto des Trainings – **fair streiten** – wird betont. Freundlichkeit impliziert eine positive Grundhaltung gegenüber den Mitmenschen und ist für eine angenehme und produktive Zusammenarbeit wünschenswert.

Regel 3: Die Verantwortung für die Zusammenarbeit liegt bei beiden Seiten. Die Teilnehmer bemühen sich um ein pünktliches Erscheinen, während die Kursleitung auf die Einhaltung der Ausbildungsdauer achtet.

Regel 4: In Anlehnung an das Postulat der themenzentrierten Interaktion: *„Störungen haben Vorrang"* ist es besser, diese anzusprechen und sie – wenn möglich – zu beseitigen, als dass durch ihre Anwesenheit die Energie der Teilnehmer vom Thema abgelenkt wird.

Regel 5: Vertraulichkeit in Bezug auf die Inhalte schützt die Teilnehmer davor, dass Privates an die Öffentlichkeit gerät.

Zusammenarbeit strukturieren – Regeln festlegen

Regeln für die Zusammenarbeit

1. Wenn einer spricht, hören die anderen zu.
2. Wir sind freundlich zueinander.
3. Wir fangen pünktlich an und hören pünktlich auf.
4. Wenn mich etwas stört, sage ich es.
5. Persönliches bleibt unter uns.

© Verlag an der Ruhr
Postfach 10 22 51
45422 Mülheim an der Ruhr
www.verlagruhr.de

Die Regeln werden auf ein Flipchart geschrieben und gut sichtbar aufgehängt. Anschließend werden die Teilnehmer gefragt: *„Wer könnte die Regeln – so wie sie hier stehen – nicht unterschreiben? Warum nicht? Wie müssten sie statt dessen lauten?“*

Es kann sich eine Diskussion anschließen, in deren Verlauf eventuell eine oder mehrere Regeln in gegenseitigem Einverständnis modifiziert werden. Wenn alle Teilnehmer die Regeln akzeptieren, wird ein symbolischer Vertrag geschlossen, in dem alle – auch die Ausbilder – das Flipchart unterschreiben. Bei der Einhaltung der Regeln geht es nicht um ein Anliegen der Seminarleiter sondern vielmehr um eine verbindliche Absicht der Gruppe. Ob sich alle an die Regeln halten, sollte nicht permanent von der Seminarleitung beäugt und womöglich sanktioniert, sondern bestenfalls durch Selbstkontrolle seitens der Gruppe reguliert werden.

Vorteile:

- Die Regeln fordern zur Selbstverantwortung auf.
- Die Zusammenarbeit wird durch die Regeln effektiver und angenehmer.

Motivation, Ziele und Befürchtungen erfragen

Wünsche und Befürchtungen

Zu Beginn der Ausbildung werden die Wünsche und Befürchtungen der Teilnehmer in Bezug auf die Ausbildung erfragt.

Die Schüler sollen sich einige Minuten lang Gedanken dazu machen, und ihre Erwartungen und Ängste (jeder für sich) stichwortartig auf Metaplan-Karten notieren. – Auch die Ausbilder nennen ihre Wünsche und Befürchtungen.

Erleichtert wird das Vorgehen durch die Satzergänzungsmethode: Dazu werden in verschiedenen Farben die Satzanfänge *„Es wäre toll, wenn hier …“* und *„Ich fände es blöd, wenn hier …“* an die Metaplanwand geheftet, und die Teilnehmer füllen ihre Karten entsprechend aus.

Anmerkung:
Die Äußerung der Wünsche und Befürchtungen ist nur ein Bestandteil der Ausbildung zum Fair-Streiten-Trainer, und kommt nicht im Fair-Streiten-Training für Fünft- und Sechstklässler zur Anwendung.

Vorteile:

- Die Teilnehmer lernen die Gefühle der anderen Gruppenmitglieder kennen, und sehen, wo es Ähnlichkeiten bzw. Diskrepanzen in der Erwartungshaltung gibt. Dies kann die Identifikation mit der Gruppe fördern.
- Die Ausbilder erfahren, was die Teilnehmer beschäftigt. Durch die Mitteilung der Wünsche und Befürchtungen können sie Ängste nehmen und auf Wünsche eingehen. Das Programm kann konkretisiert und bestehende Differenzen zwischen Anspruch und Realität können erläutert werden.
- Die Teilnehmer übernehmen kurzfristig die Ausbilderrolle: Indem sie ihre Karten selbstständig anpinnen, müssen sie gleich zu Beginn vor der Gruppe sprechen.

Kartenabfrage: Wünsche und Befürchtungen

Motivation der Teilnehmer

In ähnlicher Form wie die Besprechung der Wünsche und Befürchtungen verläuft die Befragung nach der Motivation für die Teilnahme an der Ausbildung. Als Denkanstoß kann dazu die Frage: *„Warum bin ich heute hier?“* dienen. Die Frage nach der Motivation ist deshalb wichtig, weil die Antworten den Seminarleitern einen guten Überblick darüber bieten, warum die Schüler an der Ausbildung teilnehmen.

Die Bandbreite der Antworten ist groß: Von *„Interesse am Thema Gewaltprävention“* bis hin zu *„Lieber Training statt Schule“* wird vermutlich alles vorkommen.

Die Motive lassen sich als Kartenabfrage ermitteln. Denkbar ist auch eine Gesprächsrunde, bei der die Ausbilder die Antworten der Schüler mitschreiben.

Anmerkung:
Die Besprechung der Motive wird nur im Seminar mit den angehenden Tutoren durchgeführt.

Vorteile:

- Die Erörterung der Beweggründe erhöht die Transparenz für Teilnehmer und Ausbilder.
- Die Ausbilder können die Bereitschaft der Schüler, aktiv am Seminar mitzuwirken, ermitteln.
- Die Ermittlung der Beweggründe per Kartenabfrage verlangt, dass sich jeder Teilnehmer Gedanken macht und sich nicht einfach seinem Vorredner anschließen kann, wie es in der Gesprächsrunde möglich ist.
- Durch das Anbringen der Karten an der Metaplanwand üben die Teilnehmer, Beiträge angemessen zu strukturieren.

Warming-ups

Auch Warming ups sind ein typisches Element des Trainings und gehören somit zu den rahmengebenden Bausteinen.
Die Erklärung zu diesem Trainingselement entnehmen Sie bitte der Seite 39.

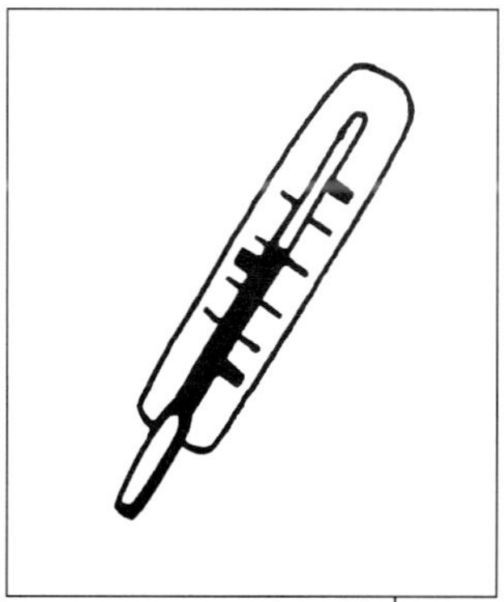

Warming-up

Auswertungsrunden

Auch die Auswertungsrunden kommen im Seminar immer wieder vor und haben einen hohen Stellenwert. Sie ermöglichen es, auf einer Meta-Ebene, die Übertragung der gelernten Kompetenzen auf die Wirklichkeit zu überdenken.

Gelerntes auswerten und auf die Wirklichkeit übertragen

Nach Übungen, und vor allem nach den Rollenspielen, sollen die Ausbilder und die Gruppe die Ergebnisse in einer Auswertungsrunde gemeinsam erörtern.
Es wird geklärt, ob alle Inhalte verstanden wurden und wo eventuell noch Fragen offen geblieben sind.

Im Fair-Streiten-Training kommen zum einen Auswertungsrunden vor, in denen inhaltliche Dinge erörtert werden. Daneben gibt es Auswertungs- und Feedbackrunden zur Erarbeitung und Festigung der Trainerkompetenzen.

Vorteile:

- Auswertungsrunden machen den Sinn von Übungen deutlich.
- In Auswertungsrunden werden Ergebnisse zusammengefasst.
- In Auswertungsrunden setzen die Ausbilder Schwerpunkte.
- Auf einer Meta-Ebene reflektieren die Teilnehmer mit den Ausbildern das Gelernte.

Stimmungs-Barometer

Ein Ritual, das zum Abschluss jeder Sitzung durchgeführt wird, ist das Stimmungs-Barometer (s. Abb. unten). Es dient dazu, ein Stimmungsbild zu erstellen. Da es vielen Schülern schwer fällt, negative Kritik zu artikulieren, ist diese nonverbale Art der Beurteilung eine gute Möglichkeit, Frust, Ärger oder Enttäuschung zu äußern.

Als Stimmungs-Barometer dient ein langes Seil, das auf den Boden gelegt wird. An dem einen Ende, der positiven Seite, liegt ein Gefühlskärtchen mit strahlendem Lächeln. Es soll heißen: *„Es hat mir besonders gut gefallen."* In die Mitte des Seils wird ein Gefühlskärtchen mit dem neutralen Gesicht gelegt, das bedeuten soll: *„Es geht so."* An das andere Ende kommt ein Gefühlskärtchen mit dem grimmigen Gesicht, das Missfallen ausdrücken soll.

Stimmungs-Barometer

Auf die Frage: *„Wie hat euch die heutige Sitzung gefallen?"* stellen sich alle Schüler gleichzeitig entlang des Seils auf, um ihrer Meinung Ausdruck zu verleihen.

Wenn alle ihren Platz eingenommen haben, ermutigen die Ausbilder die Teilnehmer dazu, ihren Standpunkt zu erklären. Die Begründung des Urteils ist jedoch freiwillig.

Vorteile:

- Das Stimmungs-Barometer gibt den Ausbildern ein Feedback zu jedem Seminartag.
- Die Position auf dem Stimmungs-Barometer betont die persönliche Meinung und macht es einfacher, negative Kritik zu äußern.

Kapitel 7

Leitlinien für zukünftige Anwender

Auf der Grundlage unserer Erfahrungen aus mehreren Ausbildungskursen haben wir die folgenden 14 Leitlinien entwickelt.

Sie sollen dem potenziellen Anwender in Kurzform zeigen, worauf es bei der Durchführung einer Tutoren-Ausbildung ankommt.

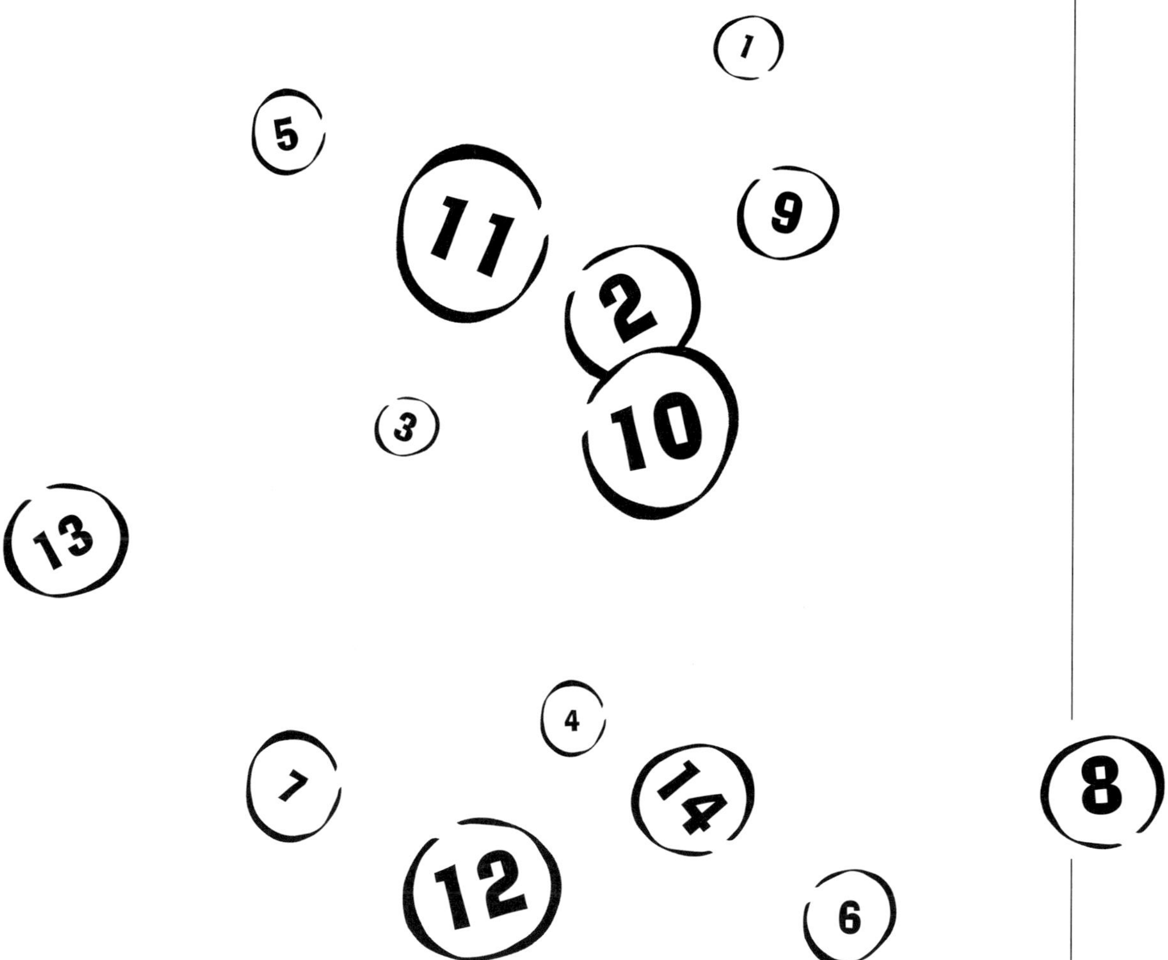

© Verlag an der Ruhr
Postfach 10 22 51
45422 Mülheim an der Ruhr
www.verlagruhr.de

1. Fördern Sie gezielt Selbsterfahrung und Modelllernen als Grundlage für den Erwerb von Trainerkompetenzen.

Beim Erlernen vielschichtiger Fähigkeiten/Fertigkeiten, wie sie die Trainerkompetenzen darstellen, ist es von entscheidender Bedeutung, dass diese von den angehenden Tutoren selbst erarbeitet und ausprobiert werden. Durch das Beobachten der Mitschüler und der Ausbilder können Handlungskonsequenzen antizipiert und Verhaltensweisen übernommen werden.

2. Fördern Sie spielerisches Lernen.

Das Herzstück der vorliegenden Tutoren-Ausbildung ist das Rollenspiel, das dem Erlernen des fairen Streitverhaltens dient, sowie das Actstorming, in dem Gruppenleiterkompetenzen trainiert werden. Für einen erfolgreichen Ablauf des Seminars ist daher die Teilnahme an diesen beiden Formen des darstellenden Spiels unverzichtbar.

3. Helfen Sie den angehenden Tutoren dabei, ein Höchstmaß an Ich-Nähe und Vertrautheit mit den Inhalten des Fair-Streiten-Trainings zu entwickeln.

Die angehenden Tutoren müssen zum einen die Inhalte des Fair-Streiten-Trainings für die jüngeren Schüler kennen lernen. Zum anderen möchten sie natürlich auch selbst faires Streiten lernen. Um die Motivation zu erhalten, ist es notwendig, einen persönlichen Bezug der Teilnehmer zum Thema herzustellen. Das kann z.B. durch die Nutzung der Konfliktbilder für Rollenspiele geschehen. Dadurch wird deutlich, dass das Training keine „abgehobene“ Sache ist, sondern die dabei vermittelten Kompetenzen auf die eigene Lebenswirklichkeit übertragen werden können.

4. Gestalten Sie problemorientierte Lernsituationen, in denen das Verhältnis von Wissensvermittlung und Fertigkeitserwerb an den Bedürfnissen der Teilnehmer orientiert ist.

Problemorientierte Lernsituationen ermöglichen neben dem Wissenserwerb vor allem eine Steigerung der Handlungskompetenz. Die Teilnehmer erwerben diese, indem sie ein aktuelles und für sie relevantes Problem aktiv bewältigen. Dazu erhalten sie je nach Bedarf unterstützende Hilfe durch die Ausbilder. Wenn in der Ausbildung Situationen ausgewählt werden, die den Teilnehmern vertraut sind, und diese auf möglichst realistische Weise nachgespielt werden, wird der Transfer der gelernten Fertigkeiten noch erhöht.

5. **Betonen Sie die Notwendigkeit einer guten Vorbereitung.**

Eine gute Vorbereitung der Schüler trägt wesentlich zum Gelingen ihrer Einheit bei. Sie ist wichtig, weil die Schüler sich im Rahmen der Ausbildung *gegenseitig* die Fair-Streiten-Kompetenzen vermitteln. Alle Teilnehmer sind darauf angewiesen, dass das, was ein Tutoren-Tandem gerade vorträgt, überlegt und gut vorbereitet ist. Da einige Schüler die Notwendigkeit der Auseinandersetzung mit den Inhalten unterschätzen, muss explizit darauf hingewiesen werden.

6. **Ermöglichen Sie individuelles Lernen.**

Lernen ist ein aktiver, höchst individueller Prozess. Jeder baut auf seiner persönlichen Wissens- und Kompetenzbasis auf – fängt also dort an zu lernen, wo er gerade steht. Dieses gilt für die Gruppenleiter- wie auch für die Streitkompetenzen. Daher gilt: Je größer die Entfaltungsmöglichkeiten im Seminar für den Einzelnen sind, desto größer ist auch der persönliche Lernfortschritt.

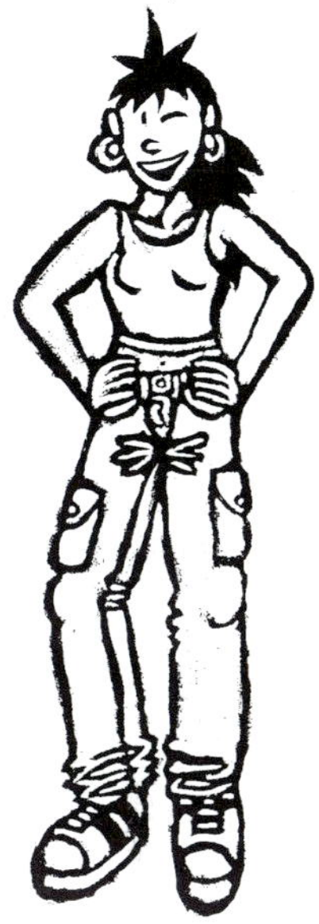

7. **Nutzen Sie das Feedback zur Stärkung persönlicher Kompetenzen und zum Aufzeigen von Entwicklungsrichtungen.**

Das Feedback orientiert sich an den vorhandenen Kompetenzen der Teilnehmer. Positives Verhalten wird gefestigt, indem die Aufmerksamkeit der Gruppe gezielt auf die angestrebten Fertigkeiten gelenkt wird. Nur durch eine fundierte Rückmeldung können die Schüler allmählich lernen, welche Kompetenzen eines Gruppenleiters wichtig sind und auf welche verzichtet werden kann.

8. **Teilen Sie mit den Teilnehmern die Verantwortung für den Seminarverlauf und die Inhalte.**

Es wirkt motivationssteigernd, wenn die Schüler den Seminarablauf mitbestimmen können. Allein das Gefühl, tatsächlich Einfluss nehmen zu können, erhöht die Bereitschaft zur Mitarbeit und verhindert Diskussionen, die um des Prinzips willen geführt werden.

9. Nutzen Sie die Chance einer Einstellungsänderung bei den Jugendlichen.

Eine veränderte Haltung gegenüber Konflikten und die neu erworbenen Streitkompetenzen helfen den Jugendlichen, zukünftig konstruktiv an Konflikte heranzugehen.
Die Möglichkeit einer Einstellungsänderung gilt auch in Bezug auf die Haltung gegenüber Lehrenden: Wenn Schüler selbst als Gruppenleiter agieren, entwickeln sie Verständnis für die Lehrperson und verhalten sich dementsprechend kooperativer im Seminar und gegebenenfalls auch im Unterricht.

10. Stellen Sie eine positive Beziehung zu den Seminarteilnehmern her.

Ein Seminar außerhalb von Unterricht bietet Schülern die Chance, die Erfahrung einer positiven Lehrer-Schüler-Beziehung zu machen. Die Ausbilder haben in diesem Sinn eine Vorbildfunktion für die Seminarteilnehmer. Eine positive Beziehung wirkt sich nicht nur auf die Zusammenarbeit motivationssteigernd aus, sondern führt im Optimalfall dazu, dass die Tutoren später zu ihren Schützlingen ebenfalls ein gutes Verhältnis herzustellen versuchen.

11. Fördern Sie die Entwicklung einer positiven Gruppenatmosphäre.

Eine freundliche Atmosphäre innerhalb der Gruppe fördert die Zusammenarbeit und beeinflusst positiv die Beziehungen der Schüler untereinander. Da ein freundlicher Umgang miteinander gewaltpräventiv wirkt, trägt eine angenehme Gruppenatmosphäre auch zur Gewaltminderung bei.

12. Gewährleisten Sie eine supervisorische Begleitung der Tutoren im Anschluss an die Ausbildung.

Die Tutoren-Ausbildung ist nur der erste Schritt. Ihr folgt die Erfahrung in der Praxis. Neue Fragestellungen werden sich ergeben, für die die Schüler einen Ansprechpartner und ein Forum zur Besprechung benötigen. Für den erfolgreichen Einsatz von Schülern als Trainer ist daher ihre fortlaufende Begleitung notwendig.

13. Planen Sie langfristig und sorgen Sie für eine tragfähige Implementierung des Programmes an Ihrer Schule.

Eine Tutoren-Ausbildung und der anschließende Einsatz der ausgebildeten Schüler kann nur gelingen, wenn bestimmte Rahmenbedingungen erfüllt werden. Die Transparenz im Vorgehen und die Zustimmung des Lehrerkollegiums haben oberste Priorität. Darüber hinaus verlangt das Programm eine zeitliche Abstimmung der Stundenpläne (der Tutoren und der Zielgruppe) sowie die Bereitstellung von räumlicher und personeller Kapazität.

14. Stellen Sie angemessene Rahmenbedingungen für die Ausbildung her.

Die Tutoren-Ausbildung wird erfolgreich verlaufen, wenn bestimmte Rahmenbedingungen erfüllt sind.

a) Fünf Schultage à fünf Stunden (inklusive Pausen) sind ein geeigneter Zeitrahmen. Die Kurse an Wochenenden stattfinden zu lassen, wurde von einigen Teilnehmern als zu stressig bewertet, weil ihnen damit Zeit zur Erholung bzw. zum Lernen für Klausuren fehlt.

b) Ein Seminarraum in angemessener Größe – wenn möglich außerhalb des Klassenzimmers – ist ein geeigneter Ort. Er bietet die Möglichkeit, neue Lernerfahrungen in einem anderen Umfeld zu sammeln. Ein Raum mit genügend Platz für den Stuhlkreis, Bewegungsspiele, eine imaginäre Bühne sowie für die Metaplanwände und Flipcharts liefert dazu die geeigneten Bedingungen. Dies kann z.B. ein Kunst- oder Musikraum sein.

c) Eine Gruppe mit **12–18 freiwilligen Teilnehmern** beiderlei Geschlechts ist eine gute Zusammensetzung. Diese Gruppengröße erlaubt es den Ausbildern, die erste und letzte Einheit der Ausbildung selbst zu moderieren und in diesen Sequenzen den Schülern das Lernen am Modell zu ermöglichen. Für die Rollenspiele ist es vorteilhaft, wenn ungefähr gleich viele männliche wie weibliche Teilnehmer im Seminar sind. Eine freiwillige Teilnahme – nicht nur als Alternative zum Unterricht – erhöht die Erwartungen der Schüler an das Seminar und fördert die Motivation, sich zu beteiligen und etwas lernen zu wollen.

Kapitel 8

Implementierung des Präventions-programmes

Im Folgenden wird ein Vorschlag für die Implementierung eines kompletten Schulprogrammes gegen Gewalt geschildert.

Auch wenn dieses Programm noch verschiedene andere Maßnahmen umfassen kann, richtet sich der Fokus auf die Implementierung der **Ausbildung zum Fair-Streiten-Trainer**.

1. Vorphase

Aufgaben

☑ Kontaktaufnahme

Die Kontaktaufnahme kann zum einen durch externe Ausbilder angeregt werden, die sich von sich aus an die Schulleitung wenden und ihr Programm anbieten. Sie kann aber auch umgekehrt von der Schulleitung oder einzelnen Lehrern ausgehen, die Interesse an einem Gewalt-Präventationsprogramm haben und entsprechendes Engagement mitbringen.

Auf Folgendes ist zu achten:

- **Hierarchie:** Die Schulleitung ist immer einzubeziehen.
- **Grundsätzliches Interesse und Notwendigkeit:** Sowohl Lehrerkollegium als auch Schülerschaft haben Interesse an der Einführung eines Schulprogrammes. Ein Bedarf in Hinblick auf vorhandene Gewalt und Konflikte an der Schule ist erkennbar.
- **Kapazität:** Die verantwortlichen Lehrkräfte, Schüler und Eltern haben genügend Zeit und Energie zur Verfügung, den Veränderungsprozess auch über zwei und mehrere Jahre zu tragen. Die Finanzierung des Projekts ist gesichert.
- **Behinderungen** und Vorbehalte gegenüber dem Programm müssen abgebaut werden.

☑ Informationsveranstaltung für das Kollegium

Nach der Vorbesprechung mit der Schulleitung muss die gesamte Lehrerschaft über die Einführung und die Inhalte eines Schulprogrammes informiert und um ihre Zustimmung gebeten werden. Auch Vertreter der Schüler- und der Elternschaft sind einzubeziehen.
Dazu referieren die externen Fachkräfte und/oder die Vertreter der Schulleitung den bisherigen Stand der Überlegungen und stellen den möglichen Ablauf einer Implementierung vor. Anschließend wird Raum für Diskussion geboten.

Auf Folgendes ist zu achten:

- **Verständigung:** Die Interessen, Erwartungen und Befürchtungen der Lehrer und der Schüler hinsichtlich des Schulprogrammes müssen gehört und ernst genommen werden. Alle sollen dasselbe Verständnis davon haben, was ein solches Programm leisten kann und wo es seine Grenzen hat.
- **Ressourcen:** Die bisherigen Bemühungen einzelner Lehrer, Gruppen oder der Schüler sind positive Ansätze, auf denen aufgebaut werden kann.

2. Planungsphase

Aufgaben

☑ **Steuerungsgruppe einrichten**

Für die weitere Planung und Umsetzung des Projekts wird eine von der Schulkonferenz bestimmte „Steuerungsgruppe" eingesetzt. Ihre Aufgabe ist es, Personen für die Koordination des Projekts sowie die Ausbildung und Betreuung der Schüler zu bestimmen. Empfohlen wird folgende Zusammensetzung der Steuerungsgruppe:

- *1 Vertreter der Schulleitung*
- *Schulpsychologe/Beratungslehrer/Schul-Sozialarbeiter*
- *3 Lehrer (der höheren Klassen und der 5./6. Klasse)*
- *3 Schülervertreter*
- *Elternvertreter*
- *evtl. 1–2 externe Trainer*

Zusammensetzung der Steuerungsgruppe

Auf Folgendes ist zu achten:

- **Rollenverteilung:** Innerhalb der Projektgruppe muss es eine klare Rollen- und Aufgabenverteilung geben, um Verantwortungsdiffusion, unklare Zuständigkeiten sowie eine Überlastung einzelner zu vermeiden. Die Rolle des *Koordinators*, der Anlaufstelle für alle Beteiligten und Knotenpunkt des Informationsflusses ist, ist am besten dem Vertreter der Schulleitung zu übertragen. Dieser kann für das Projekt notwendige Entscheidungen schneller treffen.
  Die *Ausbildung der Schüler* übernehmen entweder dafür qualifizierte Fachkräfte (z.B. durch Lehrer-Trainings) oder externe Trainer. Für die Auswahl schulexterner Trainer spricht ihre Erfahrung, ihr größeres Zeitbudget, die geringere „Betriebsblindheit" und größere Unabhängigkeit vom System. Schulinterne Ausbilder verursachen keine zusätzlichen Kosten, ihre Qualifikationen sind bekannt, und sie sind Schülern und Lehrern vertraut. Die *Betreuung* der ausgebildeten Tutoren übernehmen am besten Lehrer, damit die Vertrauensbasis zu den Schülern über die gesamte Projektphase gewährleistet bleibt. Sie unterstützen die Schüler in organisatorischen und fachlichen Fragen. Dafür müssen sie von Anfang an mit in den Prozess einbezogen werden. Die Schüler müssen sich der Unterstützung durch Lehrer sicher sein.
- **Informationsfluss:** Zwischen der Steuerungsgruppe und anderen Lehrern, Schülern und Eltern muss ein ständiger Austausch über den Stand der Arbeit und die Planung des weiteren Vorgehens stattfinden.

☑ **Projektbausteine auswählen**

Die Steuerungsgruppe wählt neben der Tutoren-Ausbildung noch weitere Projektbausteine des Schulprogrammes aus. Orientierung bieten dabei die Überlegungen von Olweus (1996).

mögliche Bausteine eines Schulprogrammes

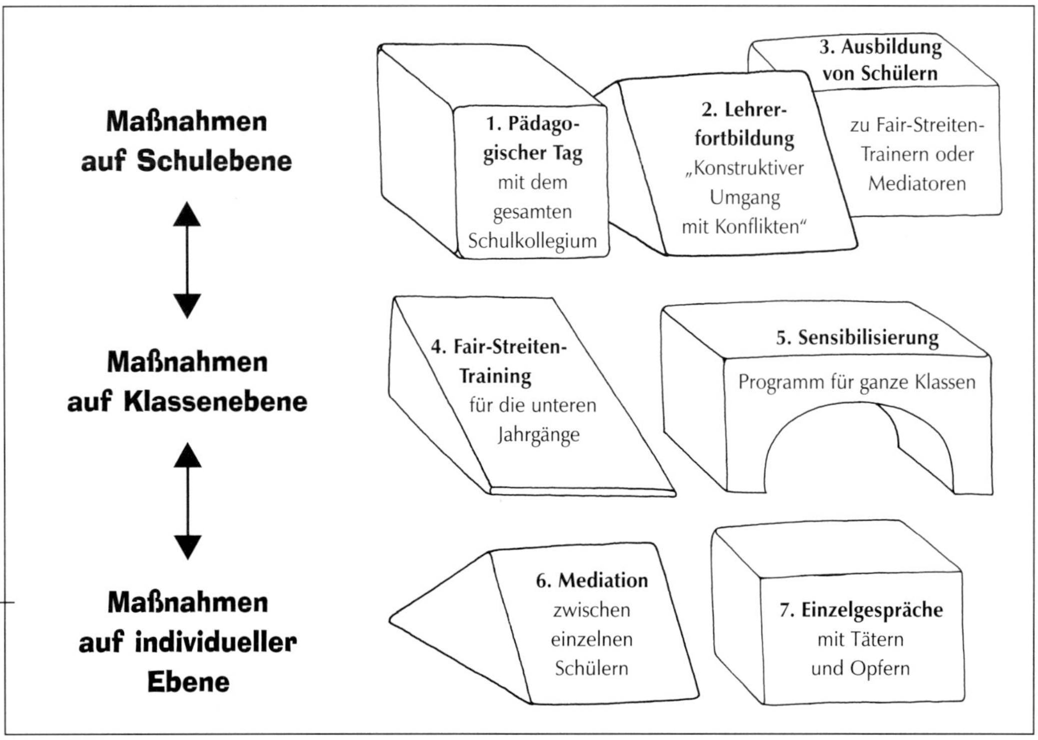

1. An einem pädagogischen Tag kann sich das gesamte Kollegium mit dem bisherigen Umgang mit Konflikten an der Schule beschäftigen und Überlegungen zum zukünftigen Umgang anstellen.
2. In einer Lehrerfortbildung zum Thema *„Konstruktiver Umgang mit Konflikten“* lernt das Kollegium die Ansätze des Fair-Streiten-Trainings und der Mediation kennen und erprobt sich selbst in der Streitschlichtung und dem Üben von Streitkompetenzen.
3. Neben der Ausbildung einer Gruppe von älteren Schülern zu Konflikttrainern können jüngere Schüler ab der siebten Klasse auch zu Peer-Mediatoren ausgebildet werden.
4. Das Fair-Streiten-Training wird von einzelnen Lehrkräften oder den ausgebildeten Schülern unter kontinuierlicher Betreuung durch Lehrende in den unteren Klassen durchgeführt.
5. Ein Sensibilisierungsprogramm ist für alle Schüler gedacht, die nicht an der Ausbildung oder dem Fair-Streiten-Training teilnehmen. In Projektwochen oder einzelnen Unterrichtsstunden werden sie über das Schulprogramm informiert, erfahren von der Möglichkeit der Mediation und reflektieren ihren eigenen Umgang mit Konflikten.
6. Mittels Mediation werden Konflikte zwischen Schülern entweder von ausgebildeten Lehrern oder den Peer-Mediatoren geschlichtet.
7. In schweren Fällen (z.B. bei Gewaltanwendung) können auch Einzelgespräche von Lehrern mit den Tätern und Opfern und ihren Eltern erforderlich sein.

8. Begleitende Angebote (z.B. „Runder Tisch im Stadtteil") ermöglichen eine Zusammenarbeit mit außerschulischen Jugendhilfeträgern und mit Vertretern der Politik und der Polizei.

Auf Folgendes ist zu achten:

- **Was ist machbar?** Unter Berücksichtigung der personellen, finanziellen, zeitlichen und organisatorischen Bedingungen sollte die Devise lauten: Lieber wenige Bausteine mit voller Energie als alles mit halber Schubkraft!
- **Raumfrage:** Für das Fair-Streiten-Training müssen zwei getrennte Räume zur Verfügung stehen.
- **Abstimmung der Lehrpläne:** Die Stundenpläne der ausgebildeten (Oberstufen-)Schüler müssen auf die der Ziel-Klassen abgestimmt werden.

Folgende Umsetzungsmöglichkeiten sind demnach denkbar:

1

Das Fair-Streiten-Training findet einmal pro Woche im regulären Unterricht der fünften und sechsten Klasse statt.

a) Vier (Oberstufen-)Schüler haben genau in dieser Zeit zwei Freistunden und können so in zwei Tandems jeweils eine Klassenhälfte trainieren.
Vorteile:
- Kontinuierliche Betreuung der jüngeren Schüler durch ein Trainer-Tandem
- Kein Unterrichtsausfall für die (Oberstufen-) Schüler

Nachteil:
- (Oberstufen-)Schüler opfern einen Teil ihrer Freizeit

b) Die (Oberstufen-)Schüler werden vom Unterricht befreit: 12 bis 18 Schüler sind für eine Klasse zuständig und trainieren rotierend mit drei bis vier Trainer-Tandems eine halbe Klasse.
Vorteil:
- Jeder (Oberstufen-)Schüler hat nur alle drei bis vier Wochen Unterrichtsausfall

Nachteile:
- Keine kontinuierliche Betreuung für eine Halbklasse
- Koordinationsaufwand: erforderliche Absprachen zwischen den einzelnen Trainer-Tandems
- Personeller Aufwand: evtl. kein paralleles Training in den unteren Klassen

2

Das Training findet einmal pro Woche im Nachmittagsunterricht statt (bei Ganztagsschulen).

a) Vier (Oberstufen-)Schüler haben nachmittags frei und können in zwei Tandems jeweils die Hälfte der Klasse trainieren. Vorteile und Nachteile ähneln den oben genannten, jedoch mit noch mehr Belastung für die älteren Schüler.

b) 12 bis 18 Schüler sind für eine Klasse zuständig und trainieren rotierend mit drei bis vier Trainer-Tandems eine halbe Klasse.
Vorteil: Kein Unterrichtsausfall für die (Oberstufen-)Schüler, wenn nachmittags frei ist.
Nachteile: Ähneln den oben genannten, jedoch opfern die älteren Schüler ihre Freizeit.

3. Vereinbarungsphase

Aufgaben

☑ **Verbindliche Entscheidung**
Die Steuerungsgruppe stellt den vorläufigen Entwurf des Schulprogrammes dem Lehrerkollegium, der Schülervertretung und dem Elternrat zur abschließenden Diskussion vor. Alle Betroffenen müssen die Umsetzung des Trainings mehrheitlich beschließen. Ferner erhält die Steuerungsgruppe den Auftrag für die weitere Arbeit.

Auf Folgendes ist zu achten:

- **Mehrheitliche Zustimmung:** Nur mit einer soliden Mehrheit bezüglich der Einführung und der dafür notwendigen Beschlüsse tragen alle das Programm aktiv und verantwortlich mit.
- **Unterstützung absichern:** Die Lehrer der fünften und sechsten Klassen und die (Oberstufen-)Lehrer müssen den Tutoren ihre volle Unterstützung zusichern. Mit einer Unterrichtsbefreiung müssen alle Beteiligten einverstanden sein.
- **Grenzen aufzeigen:** Dem gesamten Kollegium wie auch den Eltern ist noch einmal deutlich zu machen, was das Programm leisten kann und wo es seine Grenzen hat. Besonders auf die eingeschränkte Belastbarkeit der Tutoren muss hingewiesen werden.

4. Ausbildung der Fair-Streiten-Trainer

Aufgaben

☑ **Die angehenden Tutoren motivieren**
12–18 (Oberstufen-)Schüler, die Interesse an einer Ausbildung zum Fair-Streiten-Trainer haben, müssen für das Training gewonnen werden.
Dazu erhalten alle Schüler eine Einladung zu einem ersten Treffen, auf dem detailliert über die Ausbildung informiert wird. Auch können gezielt einzelne Schüler von Lehrern angesprochen werden. Auf diesem ersten Treffen oder etwas später entscheiden sich die Schüler, ob sie an der Ausbildung teilnehmen möchten.

Auf Folgendes ist zu achten:

- **Freiwillige, aber verbindliche Teilnahme:** Keiner darf zur Teilnahme gezwungen werden. Nur bei sehr starken Bedenken sollte die Teilnahme verwehrt werden. Die Entscheidung für die Ausbildung ist verbindlich.
- **Repräsentanz:** Die ausgewählten Schüler sollten die Schülerschaft hinsichtlich entscheidender Faktoren (v.a. Geschlecht und Nationalität) möglichst gut repräsentieren.

- **Paarweise Anmeldung:** Am besten melden sich die Schüler zu zweit für die Ausbildung an. Andernfalls erfolgt die Tandem-Bildung auf dem Vortreffen.
- **Einverständnis der Eltern:** Die Erziehungsberechtigten der auszubildenden Schüler müssen über die Ausbildung und deren Inhalte informiert werden. Für minderjährige Schüler ist eine Einverständniserklärung einzuholen.

☑ **Vortreffen mit den (Oberstufen-) Schülern**

Ca. zwei bis drei Wochen vor Ausbildungsbeginn wird ein Vortreffen von 90 Minuten Dauer mit den angehenden Tutoren durchgeführt. Die Inhalte des Vortreffens können zum Teil schon auf dem ersten Treffen erläutert worden sein. Sie werden genauer im Handbuch auf Seite 17 beschrieben.

Auf Folgendes ist zu achten:

- **Notwendigkeit der Vorbereitung:** Den Schülern muss die Notwendigkeit der intensiven Vorbereitung ihrer Einheit bewusst sein (Dauer: ca. 2 Stunden). Die verteilten Material-Mappen werden deshalb zusammen mit den Trainer-Tipps einmal exemplarisch für alle erläutert.
- **Transparente Anforderungen:** Von den Schülern wird die aktive Teilnahme am Seminar, v.a. an den Rollenspielen erwartet. Falsche Erwartungen der Schüler an die Ausbildung müssen geklärt werden. Es ist weniger schlimm, wenn sich ein Schüler auf dem Vortreffen noch gegen das Training entscheidet, als wenn er unmotiviert oder frustriert daran teilnimmt.

Vorbereitung der Betreuungslehrer

Die Lehrer müssen auf die Betreuung der (Oberstufen-)Schüler nach Abschluss der Ausbildung vorbereitet werden. Sie können dazu ebenfalls am Seminar teilnehmen oder über dessen Inhalte detailliert informiert werden. Spätestens am Ende der Ausbildung wird der Kontakt zwischen ihnen und den (Oberstufen-)Schülern hergestellt.

5. Fair-Streiten-Training in 5./6. Klassen

Aufgaben

☑ **Offizieller Start**

Zum offiziellen Start des Fair-Streiten-Trainings kann nach Abschluss der Ausbildung eine Feier (z.B. am Ende der Projektwoche) stattfinden. Hier erhalten die ausgebildeten Tutoren (Fair-Streiten-Trainer und evtl. Mediatoren) vor versammelter Schüler- und Lehrerschaft ihre Ausbildungsurkunden.

☑ **Verlaufsplan erstellen**

Neben der Klärung aller noch offenen organisatorischen Fragen wird ein Verlaufsplan erstellt und allen beteiligten Schülern und Lehrern ausgehändigt, aus dem die Einsatzzeiten der jeweiligen Trainer-Tandems deutlich werden. Zwischen Ausbildung und Beginn des Trainings sollten nach Möglichkeit nur zwei bis drei Wochen liegen, damit den Schülern die Inhalte noch präsent sind.

☑ **Durchführung des Fair-Streiten-Trainings**
Während die älteren Schüler das Fair-Streiten-Training in den fünften und sechsten Klassen durchführen, ist pro halber Klasse immer noch ein verantwortlicher Lehrer anwesend. Dieser steht im Bedarfsfall den Fair-Streiten-Trainern zur Seite. Er trifft sich jeweils eine Viertelstunde zur Vor- und Nachbereitung mit den Schülern.

☑ **Supervision der (Oberstufen-)Schüler**
Mit Beginn der Trainings setzt die Supervision der (Oberstufen-)Schüler durch entsprechend qualifizierte Lehrer ein.

6. Erprobungs- und Anpassungsphase

Aufgaben

☑ **Erfahrungsaustausch**
Einen Monat nach dem Start des Schulprogrammes – und ab dann in regelmäßigen Abständen – kommen die Gruppe der ausgebildeten Schüler, die Betreuungslehrer und die Lehrer der beteiligten Klassen zu einem Erfahrungsaustausch und einer Auswertung der Steuerungsgruppe zusammen. Diese gibt die Informationen an die Lehrerkonferenz sowie die Eltern- und Schülervertretungen weiter.

☑ **Öffentlichkeitsarbeit**
Eine gezielte Präsentation des Schulprogrammes und der Maßnahmen in Zeitungen (evtl. sogar im Regionalfernsehen) schafft Aufmerksamkeit und Interesse der Öffentlichkeit und bietet Möglichkeiten des Sponsorings. Darüber hinaus unterstreicht eine gute Öffentlichkeitsarbeit den Wert der Maßnahmen, was natürlich alle Beteiligten in ihrem Engagement bestärkt.

7. Phase der Verselbstständigung

Aufgabe

☑ **Rückzug der Externen**
Die externen Fachkräfte ziehen sich, sofern sie an der Beratung, Ausbildung und Begleitung beteiligt waren (allein schon aus finanziellen Gründen), nach dem ersten vollständigen Durchlauf zunehmend aus dem Projekt zurück. Um eine Fortführung des Programmes zu gewährleisten, müssen die Personen, die sich bereit erklärt haben, die einzelnen Maßnahmen weiterzutragen, entsprechend vorbereitet sein: Es muss Lehrer geben, die für die Ausbildung und Supervision neuer Gruppen qualifiziert sind. Dafür können auch erfahrene ältere Schüler als Co-Trainer gewonnen werden.

5. Evaluationsphase

Aufgabe

☑ **Evaluation des Projekts**

Im ersten Jahr nach der Einführung des Projekts und ab dann im regelmäßigen Abstand von ca. zwei bis drei Jahren erfolgt eine Evaluation des Projektes. Diese dient der Dokumentation des Prozesses und der Auswertung der Ergebnisse.

Ziel ist es, Verbesserungsvorschläge für die eigene Weiterarbeit zu ermitteln, aber auch Hilfen für die Durchführung des Programmes an anderen Schulen zu geben. Die Steuerungsgruppe als verantwortliches Organ übernimmt diese Evaluation.

Es muss vorab bestimmt werden, was mit welchen Methoden evaluiert werden soll: Die Qualität der Trainings lässt sich mit Einzelinterviews, Gruppenauswertungen und über Fragebögen erfassen.

Ob sich die Häufigkeit und die Intensität von Konflikten verändert hat, ist z.B. über Verhaltensbeobachtungen oder Prä- und Posttest-Vergleiche ermittelbar.

Die Ergebnisse der Evaluation werden den Lehrern, Schülern und Eltern präsentiert und mit ihnen diskutiert. Danach ist neben einer abschließenden Dokumentation auch die Herausgabe der zentralen Ergebnisse an die Fachöffentlichkeit denkbar.

Die Evaluation stellt zwar den letzten Schritt einer Implementierung dar, gleichzeitig ist sie aber auch wieder der erste Schritt zu Veränderungen.

Fair-Streiten-Training

Inhalt

Fair-Streiten-Training – Einleitung

Konflikte sind etwas Normales im Zusammenleben von Menschen, v.a. in einer unfreiwilligen Gemeinschaft, wie sie eine Schulklasse darstellt. Das Problem ist also nicht das Vorhandensein von Konflikten, sondern die Art und Weise, wie einige Schüler mit ihnen umgehen.

Als eine mögliche Ursache von Gewalt bei Kindern und Jugendlichen wird immer wieder der Mangel an alternativen Konfliktlösungsmöglichkeiten genannt. An diesem Punkt setzt das Trainingsprogramm an. Durch die Vermittlung von Kompetenzen der Konfliktfähigkeit an Schüler der 5. und 6. Klasse wird eine Erweiterung ihres Handlungsrepertoires erzielt.

Das vorliegende Konzept des Fair-Streiten-Trainings ist deshalb praxis- und handlungsorientiert. – Die Beschreibung gesellschaftlicher Veränderungen und Wertediskussionen jeglicher Art wird man darin vergeblich suchen. Dieses Handbuch richtet sich an (Oberstufen-)Schüler und Lehrer, die unser Konzept in fünften oder sechsten Klassen anleiten wollen. Idealerweise wird eine Klasse in zwei Gruppen geteilt und von je einem Trainer-Tandem geleitet.

Eine Einheit ist auf zwei Schulstunden ausgelegt. Wöchentlich sollte nicht mehr als eine Einheit durchgeführt werden. Das Training folgt dem Motto „learning-by-doing". Wir vertreten die Ansicht, dass dies die vielversprechendste Art des Lernerfolgs ist. Daher stellen Übungen und Rollenspiele den Kern des Trainings dar. Die Schüler sollen möglichst viel Raum haben, konstruktive Verhaltensweisen auszuprobieren. Uns war es wichtig, dass die Trainer dabei mit möglichst wenig Hilfsmitteln auskommen. Die benötigten Arbeitsmaterialien finden Sie in Form von Kopiervorlagen im Anschluss an die jeweilige Einheit.

Wenn wir bei den Beschreibungen der Einheiten die wörtliche Rede verwendet haben, so ist dies stets nur als Vorschlag zu verstehen – keinesfalls sollten sich die Trainer dadurch in ihrem eigenen Stil eingeengt fühlen. Ebenso ist der Ablauf der Einheiten nur als Schema anzusehen – Pausen und Übungen sollten die Trainer flexibel gestalten. Lediglich die inhaltliche Gestaltung der Einheiten sollte beibehalten werden.

Wenn in unserem Konzept die Rede von „dem Trainer", „dem Schüler" und „jedem" ist, so sind natürlich auch immer die entsprechenden weiblichen Personen gemeint. Wir haben zugunsten der Übersichtlichkeit darauf verzichtet, jedesmal explizit beide anzusprechen und bitten dafür an dieser Stelle um Ihr Verständnis.

Das Konzept versteht sich als präventiv. Durch die Vermittlung von sozialen Fertigkeiten sollen die Schüler lernen, Konflikte gewaltfrei auszutragen. Das Training kann für die Bewältigung von Konflikten in der Schule Hilfestellungen geben. Schwerwiegende Probleme einzelner Schüler können damit nicht gelöst werden.

Das Fair-Streiten-Training ist sicherlich nur ein kleiner Schritt in Richtung einer Gewaltreduktion an Schulen. Unser Ziel ist es, den Schülern im Training ein paar Fertigkeiten für den konstruktiven Umgang mit Konflikten zu vermitteln, um ihr persönliches Handlungsrepertoire zu erweitern. Wenn uns dies gelingt, dann haben sich unsere Bemühungen gelohnt.
Wir wünschen Ihnen und den Teilnehmern viel Spaß und Erfolg beim „Fair Streiten"!

Hamburg, im März 2001
Arne Buthmann & Cornelia Thon

Wiederkehrende Elemente des Trainings

Ein Grundgedanke des Fair-Streiten-Trainings ist eine klare Struktur der Einheiten. Diese wird gewährleistet durch wiederkehrende Elemente, die es den Kindern erlauben, sich im Ablauf der Einheiten besser zurechtzufinden.

Im Folgenden finden Sie Beschreibungen dieser festen Bestandteile des Trainings. Sie sollen Ihnen einen schnellen Überblick über die jeweiligen Einheiten ermöglichen.

Räumliche und zeitliche Gestaltung

a) Räumliche Gestaltung

Zu Beginn jeder Einheit ist dafür zu sorgen, dass ein Stuhlkreis in der Klasse aufgebaut wird. Die Trainer sitzen in der Regel auf den beiden Stühlen, die der Tafel bzw. den Metaplanwänden und Flipcharts am nächsten sind.

Stuhlkreis in der Klasse

Bei Einzelübungen (z.B. Bilder malen, Arbeitsblätter ausfüllen) sollte dafür gesorgt werden, dass die Schüler dies ungestört tun können. Am besten ist, wenn sie sich dafür an die an den Rand des Raumes gestellten Tische setzen.

Für die Rollenspiele und die Trainer-Demonstrationen wird im vorderen Bereich des Raumes eine imaginäre Bühne „errichtet". Die Zuschauer sitzen dazu im Halbkreis um die „Bühne" herum. Dafür müssen die Stühle evtl. weiter an den Rand geschoben werden, um genug Platz für die Darbietung der Szenen zu haben. Auch für die Warming-ups wird in der Regel viel Platz benötigt. Es empfiehlt sich hier, die Stühle an die Wand zu rücken.

b) Pausen

Im Vorfeld des Trainings muss mit den verantwortlichen Lehrern abgesprochen werden, wie normalerweise die Gestaltung der kleinen Pause aussieht. (Wird in Doppelstunden überhaupt eine Pause gemacht? Dürfen die Schüler rausgehen?) Mit den Schülern wird dann in der ersten Einheit eine Pausen-Regelung vereinbart.
Da jede Einheit 90 Minuten dauert, ist innerhalb einer Doppelstunde eine 5-Minuten-Pause möglich. Sie sollte jedoch dann gemacht werden, wenn sie gut in den Ablauf passt, also beispielsweise immer vor dem Rollenspiel.

Stabrunde mit Gefühlskärtchen

Die Stabrunde bietet die Möglichkeit einer Stimmungsaufnahme in der Gruppe.
Sie steht ab der zweiten Einheit immer am Anfang jeder Trainingssitzung.
In dieser Gesprächsrunde wird jedes Kind aufgefordert zu sagen, wie es ihm gerade geht – so sind alle gleich „mit im Boot". Auch die eher leiseren Kinder kommen zu Wort.
Mit Hilfe der Gefühlskärtchen können die Kinder ihren Gefühlen Ausdruck verleihen. Gerade zu Beginn des Trainings fällt es einigen Kindern schwer, ihre momentane Stimmung genau zu benennen.

Hier bieten die Gefühlskärtchen eine Auswahl möglicher Emotionen an, aus denen die Kinder das Gefühl auswählen können, das ihrer Stimmung am ehesten entspricht.
Die Kopiervorlage finden Sie im Anschluss an die erste Einheit (s. S. 117). Es hat sich bewährt, jedes Gesicht mit einer anderen Farbe zu kolorieren.
Der Stab macht in der Gesprächsrunde deutlich, dass nur das Kind sprechen darf, das ihn gerade in der Hand hält. Die anderen müssen währenddessen ruhig sein und zuhören. Erst wenn ein Kind den Stab an seinen Sitznachbarn weiterreicht, darf dieser sich zu seiner Stimmung äußern.

Durchführung:

Jedes Kind nimmt sich eine der sechs Gefühlskärtchen und geht wieder in den Stuhlkreis zurück. Ein Kind, das beginnen möchte, erhält von Ihnen den Stab und sagt, wie es ihm geht. Wenn es fertig ist, reicht es den Stab weiter, und alle – auch Sie – äußern kurz, wie es ihnen geht (eventuell mit Begründung). Beim ersten Mal fangen Sie am besten selbst an und machen das Ritual vor. Zum Beispiel: „Ich fühle mich gerade ..., weil ...".

Hinweis: *Gerade zu Beginn des Trainings kann es vorkommen, dass die Kinder nicht die Karte nehmen, die gefühlsmäßig am besten passt, sondern die, die vielleicht am „coolsten" aussieht. Lassen Sie den Kindern ihre Wahl, fragen Sie aber dann noch betont nach der momentanen Befindlichkeit. Die Stabrunde soll nicht in Diskussionen ausarten. Sie dient lediglich als kurze „Bestandsaufnahme".*
Wenn die Kinder die Stabrunde gut annehmen und sich an die Regeln halten, kann eine Stabrunde ohne Gefühlskärtchen auch zu anderen Fragen (z.B. in Auswertungsrunden) eingesetzt werden.

Warming-ups

Ein Warming-up findet zu Beginn jeder Einheit statt – es dient der Auflockerung. Die Kinder können so auf spielerische Weise in die Einheit starten.
Die Teilnahme am Spiel ist generell freiwillig. Wenn ein Kind sagt, dass es nicht mitspielen möchte, empfehlen wir folgende Vorgehensweise:

1. Kind erneut ermuntern (*„Ich würde mich freuen, wenn du mitmachst!"*).
2. Nach dem Grund fragen (*„Magst du sagen, warum du nicht mitspielen möchtest?"*).
3. Grund akzeptieren und das Kind bitten, sich während des Spiels an den Rand zu setzen (außerhalb des Stuhlkreises).

Trainer-Demonstration

Bei der Trainer-Demonstration handelt es sich um eine von den Trainern angespielte Szene/Situation. Diese dient dazu, die Aufmerksamkeit der Schüler auf einen bestimmten Aspekt zu lenken, der in dieser Szene deutlich wird. Bei der Trainer-Demonstration „Gut und schlecht zuhören" (s. S. 153) beispielsweise demonstrieren die Trainer, wie sich jemand verhält, der gut/schlecht zuhört.
Der Vorteil der Trainer-Demonstration liegt darin, dass die Schüler ein bestimmtes Verhalten direkt beobachten können.

Übungen

Arbeitsblätter

Inputs

Die Übungen, Arbeitsblätter und Inputs dienen dem Einstieg und der Vertiefung des Themas. Mit ihrer Hilfe können die Kinder auf anschauliche und anregende Art und Weise an das jeweils neu zu Lernende herangeführt werden.
Die **Inputs** sowie Überleitungen sollten kurz gehalten werden, um die Kinder nicht mit theoretischem Wissen und anderen Informationen zu überfrachten. Bei längeren Inputs ist deshalb immer eine Visualisierung der Informationen ratsam.
Fragen Sie im Anschluss an eine Einführung oder eine Überleitung zu einem neuen Aspekt die Kinder jedes Mal, ob noch etwas unklar geblieben ist oder Austauschbedarf besteht.
Der zeitliche Schwerpunkt liegt bei den Einheiten auf den **Übungen**. Hier müssen die Kinder aktiv

überlegen und erfahren, was sich hinter Begriffen wie „Ich-Botschaften" oder „dem guten Zuhören" verbirgt. Für die Übungen und Arbeitsblätter ist eine Auswertung unverzichtbar.

Zuruf-Fragen

Bei einer Zuruf-Frage geht es darum, von den Kindern eine oder verschiedene Antworten zu bekommen. Diese werden dann mitgeschrieben.
Die Zuruf-Fragen dienen der Einbeziehung der Kinder ins Training, um sie auch während längerer Inputs „bei der Stange" zu halten.

Ideenspeicher

Der Ideenspeicher ist eine fortlaufende und immer präsente Visualisierung der bisher gelernten Kompetenzen und Möglichkeiten, sich in Streitereien fair zu verhalten.
Er wird von Sitzung zu Sitzung erweitert bzw. ergänzt: zum einen um die jeweils neu eingeführten Kompetenzen der Konfliktfähigkeit (Gefühle ausdrücken, Ich-Botschaften verwenden, gut zuhören etc.), zum anderen um die Ideen, die die Kinder selber – gerade in der dritten und vierten Einheit – einbringen. Dadurch erfahren sie, dass sie selbst sehr wohl schon über bestimmte Kompetenzen verfügen, die für den Anfang gut und hilfreich sind. Dies erhöht ihre Offenheit für das Kennenlernen neuer Fertigkeiten – nicht im Sinne besserer Verhaltensweisen, sondern als mögliche Alternativen.
Das Handlungsrepertoire kann so von Mal zu Mal erweitert werden.

Durchführung:

Der Ideenspeicher wird in der zweiten Einheit mit etwa folgenden Worten eingeführt:
„An dieser Wand wollen wir bei unseren nächsten Treffen immer neue Ideen sammeln, die uns helfen, fair zu streiten. Wir nennen die Wand ab heute ‚Ideenspeicher: Fair streiten!' Wenn euch etwas einfällt, was wir dort aufschreiben sollen, dann sagt gerne Bescheid: Wir werden ab der nächsten Sitzung jedes Mal neue Ideen aufnehmen. Am Schluss des Trainings stehen dort hoffentlich ganz viele Hilfen, wie wir uns in Konflikten verhalten können."

Innerhalb der Einheiten erkennen Sie das Element „Ideenspeicher" leicht an dem Pfeil mit der Inschrift „Aufnehmen in den Ideenspeicher".

Aufnehmen in den Ideenspeicher

Diesem folgen ein oder mehrere Kärtchen mit möglichen Formulierungen für Ideen. Bestimmte Kärtchen (wie „Interessen äußern bzw. erfragen", „Ich-Botschaften", „Gut zuhören" und „Selbstbehauptung") sollten Sie wie angegeben an entsprechender Stelle auf Metaplan-Karten übertragen und in den Speicher heften. Andere Kärtchen sind wiederum nur als mögliche Beispiele gedacht.
Hier heften Sie einfach diejenigen an, die von den Kindern mit den Klebepunkten als am besten bewertet bzw. während der Einheit tatsächlich so formuliert wurden.
Achten Sie darauf, dass die Ideen auf den Kärtchen möglichst handlungsorientiert formuliert sind, d.h. entweder in konkreten Verhaltensweisen (z.B. „weggehen") oder in wörtlicher Rede (z.B. *„Ich möchte nicht …"*). Sie sollten aus sich heraus verständlich sein.
Bei der Gestaltung des Ideenspeichers ist darauf zu achten, dass die Übersichtlichkeit erhalten bleibt.
Dies kann zum einen dadurch geschehen, dass pro Einheit nicht mehr als drei bis fünf Ideen aufgenommen werden, zum anderen durch eine ansprechende optische Gliederung der Kärtchen.

Ein „fertiger" Ideenspeicher am Ende der 10. Einheit könnte in etwa so aussehen, wie auf Seite 108 dargestellt.

Rollenspiel

Die Rollenspiele sind das Herzstück dieses Trainings. Die Kinder können hier in andere Rollen schlüpfen und mögliche Verhaltensweisen in Streitsituationen durchspielen. So lernen sie neue Möglichkeiten kennen, die sie später in das eigene

Ideenspeicher Fair streiten statt zerstreiten

Wenn ich provoziert, geärgert, genervt werde ...

- „Was soll das?"
- weggehen
- „Ich lasse dich nicht abschreiben, weil ..."

Wenn ich richtig wütend bin ...

- ruhig bleiben
- tief durchatmen
- bis 20 zählen
- „Ich will, dass du aufhörst ..."
- laut schreien

Gefühle ausdrücken und Ich-Botschaften

- „Ich find 's blöd, wenn du keine Rücksicht auf mich nimmst!"
- „Lass mich in Ruhe! Ich bin gerade traurig!"
- „Ich bin ..., wenn du ..., weil ich dann ..., und ich möchte ..."

Interessen benennen und erfragen

- „Ich möchte ..., weil ..."
- „Warum tust/sagst du ...?"

Gut zuhören

- „Habe ich dich richtig verstanden, ...? Du meinst also, dass ..."
- „Du fühlst dich also ...?"

Sich selbst behaupten

- „Nein, ich möchte (nicht) ..., weil ... und darum möchte ich (nicht) ..."

Postfach 10 22 51
45422 Mülheim an der Ruhr
www.verlagruhr.de

Handlungsrepertoire übernehmen können. Dabei dürfen sie neben den neu gelernten Kompetenzen immer auch auf bereits bekannte zurückgreifen, was ihre Selbstsicherheit im Spiel erhöht.

Der Ablauf eines Rollenspiels folgt in jeder Sitzung einem bestimmten Muster:

1. **Ausgangssituation:** Überlegen Sie sich vor jeder Sitzung, ob Sie als Ausgangssituation für das Rollenspiel die in den jeweiligen Einheiten vorgegebene Situation verwenden oder auf die Konfliktbilder zurückgreifen. Wenn Sie das in der jeweiligen Einheit vorgeschlagene Rollenspiel verwenden, sollten Sie darauf achten, dass die Namen der streitenden Kinder nicht denen von anwesenden Schülern entsprechen.
   Greifen Sie auf eine von den Kindern beschriebene Situation zurück, ändern Sie gegebenenfalls auch hier die Namen.
   Bitten Sie aber auf jeden Fall das entsprechende Kind um das Einverständnis, „seinen" Streit zu spielen. Um deutlich zu machen, dass Sie jetzt nicht mehr der Trainer, sondern beispielsweise „Benni" oder „Julia" sind, kleben Sie sich ein großes Namensschild an die Brust.

2. **Trainer-Demonstration:** Die Ausgangssituation eines Konfliktes wird von Ihnen angespielt. Durch ihr Rollenspiel muss deutlich werden, worum es in dem Konflikt geht und wo der „Knackpunkt" liegt. Es wird zunächst keine Lösung vorgegeben.

3. **Brainstorming:** Im Anschluss sammeln Sie mit den Kindern in einem Brainstorming mögliche faire Verhaltensweisen für die am Konflikt beteiligten Personen. Achten Sie beim Aufschreiben der Handlungsmöglichkeiten darauf, dass für jede Streitpartei einzeln und am besten nacheinander Ideen gesammelt werden.

4. **Rollenspiele:** Geben Sie jetzt den Kindern etwas Zeit, damit sie sich eine der Ideen aus der Liste aussuchen können, die sie im Rollenspiel ausprobieren möchten. Wenn sich alle Kinder eine Verhaltensweise überlegt haben, geht es los.
   In den ersten Einheiten bleibt der Trainer noch in der Rolle einer streitenden Person, der Schüler übernimmt die jeweils andere Rolle. Die Ausgangssituation wird noch einmal gespielt, dann folgt ein Anspielen der jeweils gewählten Handlungsmöglichkeit.
   Mit zunehmender Rollenspielerfahrung dürfen in den späteren Einheiten die Kinder die Rollen aller am Streit beteiligten Personen übernehmen. Hierfür brauchen sie gegebenenfalls mehr Vorbereitungszeit. Jede angespielte Sequenz wird mit dem Applaus aller Kinder gewürdigt.
   Die nächste Szene wird dann durch eine Filmklappe o.Ä. eingeleitet. Dabei muss in der Regel wieder für Ruhe gesorgt werden.

5. **Bewertung:** Im Anschluss an die Rollenspiele nehmen Sie zunächst die Ideen, die während des Spiels hinzugekommen sind, in die zuvor gesammelte Liste möglicher Verhaltensweisen auf (siehe Abbildung). Dann bewerten die Schüler mit Hilfe von Klebepunkten die Ideen danach, ob sie fair und gleichzeitig auch realistisch sind.

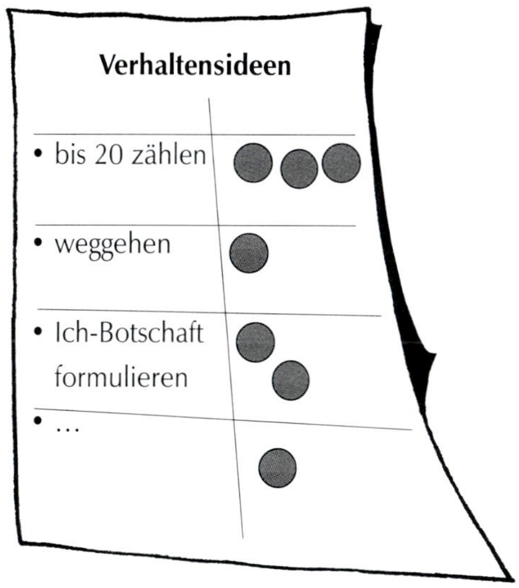

6. **Auswertung:** Sprechen Sie anschließend über die ausgewählten Handlungsalternativen. Nach Möglichkeit sollen in jeder Einheit alle Schüler mindestens einmal aktiv am Rollenspiel teilgenommen haben. Lassen Sie jedoch Kinder, die sich noch nicht gleich trauen, ruhig erst einmal zugucken – der Mut wächst beim Zuschauen! Motivieren Sie sie aber

zwischendurch immer wieder (*„Habt ihr jetzt Lust, mal was auszuprobieren?“*).
Erfahrungsgemäß lernen Kinder auch beim bloßen Zugucken, indem sie die anderen Kinder und deren Verhaltensweisen im Rollenspiel beobachten. Kinder lernen am Modell anderer. Deshalb ist es immer auch wichtig, dass Sie als Trainer auch beim Rollenspiel mitmachen.
Binden Sie die schüchternen Kinder ins Rollenspiel mit ein, indem Sie diese beispielsweise die „Klappe“ bedienen lassen. Sprechen Sie die Kinder, die nur zugucken, zwischendurch immer wieder an, z.B.: *„Ihr müsst sagen, wenn es euch langweilig wird …“. „Merkt euch gut, was ihr beobachtet habt.“.*
In jedem Fall: Loben Sie die Kinder immer wieder für ihren Mut, Rollen zu übernehmen und mitzuspielen.

Rucksackwand

Die Rucksackwand kommt am Ende der zweiten Sitzung zum ersten Mal zum Einsatz. Sie bietet den Kindern die Möglichkeit, für sich selber noch einmal die wichtigsten Erfahrungen und das zuvor Gelernte zu rekapitulieren.
Die Kinder werden nach jeder Sitzung aufgefordert, in dem Rucksack das festzuhalten, was sie aus der vergangenen Einheit unbedingt behalten möchten. So wird gewährleistet, dass zumindest eine der wahrscheinlich vielen neuen Erfahrungen hängenbleibt.
Dadurch, dass in der anschließenden Runde jedes Kind noch einmal sagt, was es „eingepackt“ hat, kann Lernen zum Gemeinschaftserlebnis werden. Zudem stellt die kurze Runde natürlich auch noch einmal eine gute Zusammenfassung des Tages dar, auf die Sie sich bei Ihrer Reflexion beziehen können.
Im Laufe des Trainings entsteht an der Rucksackwand ein wahrer Erfahrungsspeicher, auf den Sie und die Kinder immer wieder zurückgreifen können.
Zum Abschluss des Trainings darf jedes Kind seinen Rucksack mitnehmen.

Durchführung:

Bei der ersten „Rucksackwand“ wird dieses Ritual etwas ausführlicher erklärt:

*„Ihr werdet jetzt noch ein neues, immer wiederkehrendes Element unseres Trainings kennenlernen – die **‚Rucksackwand‘.** Dafür bekommt jeder gleich ein DIN A4-Papier mit einem Rucksack drauf. In einen Rucksack packt man alle Sachen, die man braucht. Weil ein Rucksack aber nicht so groß ist, kann man nur die wichtigsten Sachen hineinpacken. Ihr sollt in euren Rucksack ab heute immer die Sache packen, also hineinschreiben, die ihr von der jeweiligen Sitzung unbedingt mitnehmen wollt. Lasst euch die heutige Einheit also noch einmal durch den Kopf gehen und überlegt, was für euch an dieser Einheit besonders wichtig war und was ihr persönlich gelernt habt. Beispielsweise könnt ihr hineinschreiben: ‚Man kann sich auch fair streiten‘ oder ‚Es muss nicht immer einen Sieger geben‘ oder ‚Streiten ist normal‘.“*

Alle Kinder schreiben eine Sache/einen Begriff in ihren Rucksack.

Auswertungsrunde:

„Was hast du heute in deinen Rucksack eingepackt?“
Jedes Kind liest vor, was es in den Rucksack geschrieben hat. Anschließend befestigen alle ihren Rucksack an der Wand.
In den folgenden Einheiten gehen die Kinder an die Rucksackwand, schreiben in ihren Rucksack das hinein, was sie sich merken wollen, und kommen in den Stuhlkreis zurück. Dort erzählen sie es sich gegenseitig.
Es empfiehlt sich, die Kinder möglichst konkrete und handlungsorientierte Verhaltensweisen aufschreiben zu lassen („weggehen“ oder „bis 20 zählen“ statt „Verhalten, wenn ich wütend bin“). Außerdem lieber wenige Dinge, die die Kinder auch im Gedächtnis behalten und tatsächlich anwenden können, als zu viele.
Die Kinder werden dazu ermuntert, die Verhaltensweisen bis zur nächsten Einheit „in echt“ anzuwenden.
Eine Kopiervorlage für den Rucksack finden Sie im Anschluss an die zweite Einheit (s. S. 123).

Stimmungs-Barometer

Das Stimmungs-Barometer kommt zum ersten Mal am Ende der zweiten Einheit zum Einsatz. Ähnlich der Stabrunde hat es die Funktion, ein Stimmungsbild der Gruppe wiederzugeben.
Ob die Stimmung oder das Urteil noch begründet wird, liegt in der Entscheidung des Kindes. Über die Frage, wie den Kindern die Einheit gefallen hat, bekommen die Trainer dann ein unmittelbares Feedback nach jeder Sitzung.

Durchführung:

Auf den Boden des Raumes wird ein ca. drei Meter langes Seil gelegt.
Es stellt sozusagen eine Messlatte mit zwei Polen (z.B. „gut" und „schlecht") dar. Zur Verdeutlichung können Sie drei Gefühlskärtchen („super", „geht so", „schlecht") entlang des Seils verteilen.
Die Kinder werden zum Ende der Einheit aufgefordert, sich an die entsprechende Stelle des Seils zu begeben, die ihrer Stimmung bzw. ihrer Meinung am nächsten kommt.

Beim ersten Stimmungs-Barometer sollte die Erklärung etwas ausführlicher erfolgen:
*„Ihr seht hier auf der Erde ein Seil liegen. Stellt euch nun einmal vor, dieses Seil stellt eine Messlatte dar. Am einen Ende seht ihr das Gefühlskärtchen für **‚super'**, am anderen Ende für **‚schlecht'**. In der Mitte sagt die Karte **‚geht so'**.*
Ich werde euch nun gleich eine Frage stellen, die ihr dadurch beantworten sollt, dass ihr euch an die Stelle des Seils stellt, die zu eurer Stimmung am besten passt. Natürlich könnt ihr euch aber auch irgendwo zwischen die Karten stellen."

Folgende Fragen sind möglich:

1. **„Wie geht es dir gerade?"**
   („Wem es super geht, der stellt sich an dieses Ende des Seils, wem es total schlecht geht, der stellt sich an die andere Seite. Wem es ganz gut geht, der kann sich z.B. hier irgendwo in der Mitte aufstellen. Ihr könnt also das gesamte Seil ausnutzen, nicht nur die beiden Enden.")
2. **„Wie hat dir unser heutiges Treffen gefallen?"**
   („Wem es super gefallen hat, der stellt sich an dieses Ende des Seils, wem es schlecht gefallen hat, der stellt sich an die andere Seite. Für wen es ganz in Ordnung war, der kann sich z.B. hier irgendwo in der Mitte aufstellen")

Die Kinder nehmen ihre Plätze ein. Wenn alle stehen, fragen Sie: *„Möchte noch jemand begründen, warum er oder sie sich gerade dort hingestellt hat? Ihr könnt gerne noch kurz etwas sagen."*
Vermeiden Sie lange Diskussionen oder eine vertiefte Auswertung. In keinem Fall sollten Sie sich aber für (vermeintlich) schlecht gelaufene Elemente einer Einheit rechtfertigen.

Hinweis: *Bei dieser Übung machen die Trainer nicht mit, sondern beschränken sich auf die Moderation. Wenn Kinder Ihre Meinung erfahren möchten, teilen Sie sie ihnen natürlich mit. Ansonsten haben Sie selbst am Ende jeder Einheit noch einmal die Möglichkeit zu sagen, wie es Ihnen geht und wie es Ihnen gefallen hat.*

Auswertungsrunden

Ziel der Auswertungsrunden ist, mit den Kindern zu den angegeben Fragen ins Gespräch zu kommen.
Es muss dabei nicht jedes Kind etwas sagen; jedem der möchte, sollte dafür aber Raum geboten werden.
Befragen Sie die gesamte Runde weiter, auch wenn ein Kind schon die Ihrer Meinung nach „richtige" Antwort gegeben hat: *„Fällt noch jemandem was anderes ein?"*.
Halten Sie sich als Trainer zunächst mit Ihrer Meinung zurück und beschränken Sie sich auf die Moderation (Fragen stellen, von den Kindern Gesagtes mit eigenen Worten wiederholen bzw. auf den Punkt bringen, strukturieren, auf die Zeit achten, Runde abschließen).
Kinder haben oft ein großes Bedürfnis zu erzählen, was sie beobachtet oder erfahren haben. Beachten und wertschätzen Sie dieses.

Einheit 1: Kennenlernen und Regeln für die Gruppe

Ablauf	Material	Dauer
Begrüßung	■ Flipchart: „Herzlich Willkommen!“ ■ Kreppband	10 Min.
Kennenlernspiel	■ 1 Wollknäuel	10 Min.
Input	■ Flipchart: „Absicht und Sinn des Trainings“ ■ Flipchart: „Rahmen des Trainings“ ■ Metaplan: „Was ist geplant?“	10 Min.
Kennenlernspiel	■ Kopien der Bingozettel ■ 1 Stift für jeden Teilnehmer	15 Min.
Input und Demo	■ Flipchart: „Regeln für die Gruppe“	10 Min.
Rollenspiel	■ 2 Regeln auf Kärtchen	25 Min.
Abschluss	■ Gefühlskärtchen ■ Stab	10 Min.

BEGINN

lich

Willkommen

zum

Fair-Streiten-Training

mit Arne Buthmann
& Conny Thon

Flipchart

Begrüßung:

Die Kinder werden wahrscheinlich nacheinander eintrudeln. Begrüßen Sie die Einzelnen schon, und treffen Sie gemeinsam mit ihnen die restlichen Vorbereitungen (z.B. Tische wegschieben, Stuhlkreis bilden).
Sie können auch ein Flipchart zur Begrüßung vorbereiten (s. Abb. links).
Wenn alle eingetroffen sind, erfolgt eine kurze Begrüßung für alle.
Die Trainer stellen sich vor.

Durchführung:

„Damit wir uns alle mit unseren Namen ansprechen können, macht sich jetzt bitte jeder ein Namensschild. Schreibt euren Namen einfach auf ein Stück Kreppband und klebt ihn euch gut sichtbar auf die Brust.
Damit wir uns eure Namen besser einprägen können, machen wir gleich zu Beginn ein Kennenlernspiel.“

Namensspiel: „Wollknäuel“

Alle sitzen oder stehen im Kreis. Der Trainer hat ein Wollknäuel in der Hand. Mit den Worten *„Ich bin … – und wer bist du?“* wirft er das Wollknäuel an einen Teilnehmer und hält das Ende des Knäuels fest. Das Kind fängt die Wolle. Dann hält es ebenfalls den Faden fest und wirft das Knäuel weiter mit den Worten: *„Ich bin … – und wer bist du?“*
So spinnt sich ein Netz zwischen allen Teilnehmern.
Wenn alle ein Stück Faden halten und ihre Namen genannt haben, beginnt die Rückrunde: Derjenige, der zuletzt das Wollknäuel in der Hand hält, wirft zu demjenigen, von dem er die Wolle zugeworfen bekam. Dabei nennt er

den Namen des anderen: *„Ich werfe zu …“*. Beim Zurückwerfen muss das Knäuel immer aufgewickelt werden.
Da sich die Klasse häufig bereits kennt, hilft das Spiel vor allem dem Trainer beim Namen Lernen. Entsteht Langeweile, kann das Spiel nach dem Spinnen des Netzes beendet werden. Die Rückrunde entfällt.

Input: Absicht und Sinn des Trainings

Erläutern Sie das Flipchart. Lesen Sie es vor und geben Sie Raum für Nachfragen.

Absicht und Sinn des Trainings

- keine Gewalt
- fair streiten
- sich zu helfen wissen
- mehr Verständnis für den Streitgegner
- alles ausprobieren
- Spaß haben

Flipchart

■ **Keine Gewalt:** *„Wir wollen gemeinsam herausfinden, was es für Möglichkeiten gibt, sich zu streiten, ohne gleich auf den anderen loszugehen.“*

■ **Fair streiten:** *„Streiten ist okay – die Frage ist nur, wie man sich dabei verhält. Ihr werdet einige Tricks kennen lernen, wie man sich im Streit selbst beruhigen und ihn fair lösen kann. Unsere goldene Regel ist: Nicht schlagen! Und wenn's geht, versucht auch ohne Beleidigungen auszukommen.“*

■ **Sich zu helfen wissen:** *„Jeder von uns hat schon mal erlebt, dass Wut in einem hochsteigt. Damit es nicht zur „Explosion“ kommt, kann man einiges machen. Außerdem wollen wir auch lernen, wie man sich selbst behaupten kann, d.h. sich nicht über den Tisch ziehen lässt.“*

■ **Mehr Verständnis für den Streitgegner:** *„Manchmal ist man schon so in den Streit verwickelt, dass der eine dem anderen gar nicht mehr richtig zuhört. Würde man genau hinhören oder mal nachfragen, würde sich vielleicht herausstellen, dass man so weit ja gar nicht voneinander entfernt ist. Auch das wollen wir hier üben.“*

■ **Alles ausprobieren:** *„Wir wollen in verschiedenen Übungen Möglichkeiten entdecken, wie man sich in Streitereien besser helfen kann. Hier könnt ihr alles mal ausprobieren.“*

■ **Spaß haben:** *„Natürlich möchten wir auch zusammen Spaß haben! Wir haben verschiedene Übungen ausgesucht, die zum Teil sehr lustig sind. Es hängt von uns allen ab, was wir aus unserer gemeinsamen Zeit machen! Also, wir wünschen euch und uns jedenfalls viel Spaß!“*

Input: Rahmen des Trainings

Durchführung:
Gehen Sie das Flipchart mit den Schülern gemeinsam durch und stellen Sie auch eine Übersicht über die einzelnen Einheiten zusammen, damit die Schüler einen Eindruck von den Inhalten des Trainings gewinnen.

Rahmen des Trainings

- wöchentlich zwei Schulstunden
- insgesamt 11 Einheiten
- verbindliche Teilnahme
- Urkunde zum Abschluss

Flipchart

Kennenlernspiel: „Bingo"

K. Faller, W. Kerntke & M. Wackmann: ***„Konflikte selber lösen"***

Durchführung:

„Wie ihr seht, ist das heutige Treffen hauptsächlich fürs Kennenlernen vorgesehen. Deshalb machen wir jetzt noch ein Kennenlernspiel."
Jedes Kind bekommt einen Bingozettel (s. Vorlage unten) und benötigt einen Stift. Zunächst bitten Sie die Schüler, jede der acht Kategorien für sich selbst mit „ja" oder „nein", d.h. mit „trifft auf mich zu" bzw. „trifft nicht auf mich zu", zu beantworten. Wenn alle damit fertig sind, erklären Sie den zweiten Teil des Spiels. Jeder muss nun durch Umhergehen im Raum und Nachfragen für jede Kategorie zwei Personen aus der Gruppe finden, die die gleiche Antwort angekreuzt haben. Deren Namen trägt das Kind unter „1." und „2." ein. Hat ein Schüler alle 16 Felder mit Namen richtig gefüllt, ruft er „Bingo" und hat gewonnen. Wichtig dabei ist, dass derselbe Name maximal zwei Mal auf dem Bingozettel auftauchen darf. Die Kinder sollen also angehalten werden, mit möglichst allen anderen die Kategorien zu vergleichen.
In einer anschließenden Runde bittet der Trainer darum, dass diejenigen einmal aufstehen, die die erste Kategorie mit „ja" beantwortet haben. Dementsprechend folgen nacheinander die übrigen Rubriken. Die Kinder erfahren so, mit wem aus der Gruppe sie etwas gemeinsam haben und von wem sie sich unterscheiden.

Bingo!

Geschwister	spielt Musik-Instrument	gut in Mathematik	treibt viel Sport
☐ ja ☐ nein	☐ ja ☐ nein	☐ ja ☐ nein	☐ ja ☐ nein
1. ____ 2. ____	1. ____ 2. ____	1. ____ 2. ____	1. ____ 2. ____
liest gerne	**hat ein Haustier**	**mag Spinat**	**Frühaufsteher**
☐ ja ☐ nein	☐ ja ☐ nein	☐ ja ☐ nein	☐ ja ☐ nein
1. ____ 2. ____	1. ____ 2. ____	1. ____ 2. ____	1. ____ 2. ____

Input: Regeln für die Gruppe

Durchführung:

Leiten Sie das Input mit folgenden Worten ein:

„Immer wenn verschiedene Menschen zusammen arbeiten, lohnt es sich, vorher gemeinsame Regeln zu vereinbaren, damit sich jeder wohlfühlen kann. Da wir ja auch einige gemeinsame Treffen vor uns haben, möchten wir gerne Regeln aufstellen, die für alle gelten sollen. Wenn wir uns an die Regeln halten, wirkt sich das positiv auf unsere Zusammenarbeit aus.

Wir spielen euch jetzt mal eine kurze Szene vor. Ihr sollt dann raten, welche Regel wir wohl nicht beachtet haben."

Trainer-Demonstration:

Brechen der Regel:

„Wenn einer spricht, hören die anderen zu."

Trainer 1:	*„Ich möchte jetzt mal meine Meinung sagen: Also, ich finde Hunde besser als Katzen, weil ..."*
Trainer 2 (unterbricht):	*„Also ich mag ja Katzen viel lieber! Meine Katze beispielsweise ..."*
Trainer 1 (fällt ins Wort):	*„Hunde kann man viel besser streicheln, und ich kenne einen, der ..."*
Trainer 2:	*„Ich wünsche mir zu Weihnachten noch 'ne Katze!"*

Zuruf-Frage:

„Welche Regel haben wir wohl nicht eingehalten?"

Regeln für die Gruppe

- Wenn einer spricht, hören die anderen zu.
- Wir sind freundlich zueinander.
- Wir fangen pünktlich an und hören pünktlich auf.
- Wenn mich etwas stört, sage ich es.
- Persönliches bleibt unter uns.

Flipchart: „Regeln für die Gruppe"

Durchführung:

Die Trainer gehen die Regeln nacheinander durch und fragen die Kinder, ob sie noch Fragen zu den Regeln haben.

Wenn jeder die Regeln verstanden hat, kündigen die Trainer an:

„Jetzt könnt ihr euch ein kleines Theaterstück ausdenken, in dem ihr eine Regel brecht."

Die Gruppe wird durch Abzählen in zwei Kleingruppen aufgeteilt. Jede Kleingruppe bekommt von einem Trainer eine Regel.

Aufgabe:

„Denkt euch eine kleine Szene aus, in der ihr die Regel brecht und bei der alle aus eurer Gruppe mitspielen können."

Die Schüler sollen in ihrem kleinen Rollenspiel folgende Regeln brechen:

Persönliches bleibt unter uns

Pünktlich anfangen

Einheit 1: Kennenlernen und Regeln für die Gruppe

Die Trainer – ein Trainer pro Kleingruppe – geben Hilfestellung, indem sie Fragen stellen:

- *„Wie verhält sich jemand, der sich an die Regel hält, wie ist das Gegenteil davon?"*
- *„Wo spielt die Szene?"*
- *„Wie ist die zeitliche Abfolge?"*
- *„Wie kann man das für das Publikum (die andere Kleingruppe) darstellen?"*

Jedem Kind wird eine Rolle zugeteilt, d.h. jeder erhält einen anderen Namen oder eine Funktion (z.B. Lehrerin). Die Szene sollte einmal eingeübt werden, bevor sie dann in der Großgruppe vorgespielt wird.
Nach etwa 10 Minuten kommen die Gruppen wieder zusammen.
Eine Kleingruppe beginnt. Die andere Kleingruppe muss erraten, welche Regel nicht eingehalten wurde.

Zuruf-Frage:

„Was hätten die Personen machen müssen, um die Regel einzuhalten?"

Wenn beide Kleingruppen ihre Szene vorgespielt haben, lassen Sie den Kindern Raum für Fragen und Anmerkungen.
Weisen Sie die Kinder darauf hin, dass die Regeln erweitert und verändert werden können. Wenn für den Moment alle einverstanden sind, sollen alle Kinder – und die Trainer – auf dem Flipchart unterschreiben. Mit der Unterschrift erklären sich alle dazu bereit, sich an die Regeln zu halten.
Dieses Flipchart sollte während jeder Einheit gut sichtbar im Raum hängen.
Bei Bedarf können Sie an die Regeln erinnern.

ABSCHLUSS

Flipchart

1. In dieser ersten Einheit wird zum Abschluss die Stabrunde mit Gefühlskärtchen eingeführt. Legen Sie die Gesichter nach Farben geordnet in die Mitte des Stuhlkreises (Kopiervorlage auf S. 117).
Fragen Sie die Kinder, welche Gefühle die Gesichter darstellen und fassen Sie die Zuordnungen noch einmal zusammen.
Fordern Sie nun die Kinder dazu auf, sich ein Kärtchen zu nehmen, das beschreibt, wie es ihnen im Moment geht.
Gehen Sie als gutes Beispiel voran und sagen Sie mit dem Stab und einem entsprechenden Kärtchen in der Hand: *„Mir geht es ..., weil ..."*
Dann wird der Stab weitergereicht, und das nächste Kind berichtet, wie es ihm geht. Weisen Sie nochmals darauf hin, dass immer nur derjenige reden darf, der gerade den Stab in der Hand hält. Wenn sich alle geäußert haben, werden die Kärtchen wieder zurückgelegt.
2. Zusammenfassung der heutigen und Ausblick auf die folgende Sitzung.
3. Abschied: *„Tschüß! Vielen Dank fürs Mitmachen! Wir freuen uns auf das nächste Mal!"*

Mir geht's super!

Mir geht's gut.

Es geht so.

Ich bin müde.

Ich bin traurig.

Ich hab' schlechte Laune.

Einheit 2: Einstieg in das Thema „Konflikte“

Ablauf	Material	Dauer
Beginn	■ Krepp-Klebeband ■ Gefühlskärtchen ■ Flipchart: „Ablauf der heutigen Sitzung“ ■ Stab	10 Min.
Warming-up	■ Kassettenrekorder ■ „flotte“ Musik	10 Min.
Aktion	■ Pro Kind ein leeres DIN A4-Blatt ■ Mal-Utensilien (Wachsmaler, Bunt-/Filzstifte) ■ Flipchart: „Konflikt-Bild“	30 Min.
Übung	■ Folie: „Paddelboot“ ■ Overhead-Projektor	10 Min.
Input		10 Min.
Abschluss	■ Rucksackwand ■ ein Seil	20 Min.

BEGINN

1. **Begrüßung**
2. **Stabrunde mit Gefühlskärtchen**
3. **Anknüpfen an die letzte Einheit:**
   „Beim letzten Mal haben wir damit angefangen, dass wir uns alle kennen gelernt haben. Vorsichtshalber machen wir uns aber auch heute noch einmal Namensschilder aus Kreppband.
   Außerdem haben wir beim letzten Mal für unsere Treffen bestimmte Regeln vereinbart. Wir hoffen, dass ihr euch auch heute daran halten werdet.“
4. **Ablauf der heutigen Sitzung vorstellen**

Warming-up: „Reise nach Jerusalem verkehrt herum“

Durchführung:

Wie bei dem Spiel „Reise nach Jerusalem“ stehen im Raum zwei Stuhlreihen Lehne an Lehne. Dabei gibt es zunächst einen Stuhl weniger als Kinder, die mitspielen.

Während die Musik läuft, bewegen sich die Teilnehmer in eine Richtung um die Stühle herum. Wenn der Trainer die Musik ausstellt, müssen **alle** auf den Stühlen Platz finden, ohne dass ein Kind den Boden berührt. Wenn alle einen Platz gefunden haben, wird ein Stuhl entfernt, und die Kinder bewegen

*Idee aus: E. Welz & U. Dussa: **„Mädchen sind besser – Jungen auch"** (S. 156)*

sich erneut zur Musik um die Stühle. Beim Stoppen der Musik müssen wieder **alle** auf den verbleibenden Stühlen unterkommen, ohne den Boden zu berühren.
Dies wird fortgesetzt, bis die Kinder es nicht mehr schaffen, auf den restlichen Stühlen Platz zu finden.
Motivieren Sie die Kinder, indem Sie beispielsweise sagen: *„Ich bin ja gespannt, mit wie wenig Stühlen ihr das noch schafft!"* So wird das Spiel zu einem gemeinsamen Wettbewerb für alle Beteiligten. Im Gegensatz zu dem ursprünglichen Spiel scheidet kein Kind aus. Es geht hier um Kooperation.

Mal-Aktion: Konfliktbilder malen

Durchführung:

„In unserem Training geht es darum, zu lernen, fair zu streiten. Bestimmt habt ihr euch alle schon einmal gestritten oder zumindest einen Streit miterlebt. Ihr sollt euch heute zu Beginn an einen Streit erinnern, den ihr in letzter Zeit in der Schule mit einem oder mehreren Kindern hattet. Wenn euch eine Situation eingefallen ist, malt bitte ein Bild von diesem Streit. Es ist kein Malwettbewerb.
Es geht also nicht um möglichst schöne Bilder! Sucht euch hier im Raum einen Platz, wo ihr ungestört malen könnt. Wenn ihr fertig seid, dann überlegt euch bitte noch eine kurze Überschrift für euer Bild und unterschreibt es mit eurem Namen."
Stellen Sie das Flipchart mit der Arbeitsanweisung und den Hilfsfragen vor.

„Konflikt-Bild"

Malt ein Bild zu einem Konflikt, den ihr selbst erlebt habt. Ihr habt 20 Minuten Zeit.

1. Mit wem habt ihr euch gestritten?
2. Wo war das?
3. Wählt einen Titel für das Bild und schreibt ihn darauf.
4. Schreibt euren Namen auf das Bild.

Flipchart

Während des Malens gehen Sie zu jedem Kind und fragen: *„Worüber habt ihr gestritten? Wie hat der Streit angefangen? Und wie hat der Streit aufgehört?"*
Die Antworten notieren Sie, um später evtl. darauf zurückkommen zu können.

Die Kinder sollen noch einen kurzen Titel für ihr Bild finden – die Trainer können dabei behilflich sein. Titel können beispielsweise sein: „Ich will auch mitspielen", „Du bist eine blöde Kuh!", „Immer Zoff mit meiner Schwester".
Anschließend unterschreibt jedes Kind sein Bild.

Auswertungsrunde im Stuhlkreis:

Alle Bilder werden von den Kindern selbst nacheinander vorgestellt. Fragen Sie die Maler: *„Was ist passiert? Wie hat es angefangen, wie aufgehört?"*
Möchte ein Kind sein Bild auch nach mehrmaligen Ermutigen nicht vorstellen, ist dies auch in Ordnung. Die Schüler dürfen Fragen zu den Bildern stellen. Die Bilder dürfen jedoch nicht bewertet werden!
Anschließend werden alle Bilder an der Wand aufgehängt. Erklären Sie den Kindern, dass aus den Situationen Rollenspiele für die nächsten Stunden gemacht werden.

Im Anschluss an die Einheit ordnen Sie die Bilder unter thematischen Gesichtspunkten (z.B. Interessensgegensatz, Provozieren, Handgreiflichkeiten, jemandem wird etwas weggenommen etc.), um in den folgenden Einheiten schneller auf einen Konflikt zurückkommen zu können.

Übung: „Paddelboot"

Idee aus:
J. Walker: ***„Gewaltfreier Umgang mit Konflikten in der Sekundarstufe I"*** *(S. 22)*

Überleitung:
„Wir haben nun ebenfalls einen Comic zu einem Konflikt für euch vorbereitet, jedoch wird hier die Geschichte nicht ganz zu Ende erzählt."
Legen Sie die Paddelboot-Folie (s. S. 122) auf den Overhead-Projektor. Decken Sie dabei die letzten zwei Bilder ab. Dann fragen Sie die Teilnehmer, wie die Geschichte wohl weitergehen könnte. Nennt ein Kind die „richtige" Lösung, sollten Sie noch nicht darauf eingehen, sondern die Kinder motivieren, sich noch andere Möglichkeiten zu überlegen. Es können noch gänzlich unerwartete Ideen kommen. Besprechen Sie Vor- und Nachteile der verschiedenen Möglichkeiten. Das Fazit sollte sein, dass die Kinder ihr Problem nur für beide Seiten zufriedenstellend lösen können, wenn *beide* bereit sind, zusammenzuarbeiten.

Das Schwierige dabei ist, dass die Beteiligten so lange ihre vorrangigen Bedürfnisse oder Wünsche zurückstellen müssen, bis eine gemeinsame Lösung gefunden werden kann. Das kann eigentlich nur geschehen, wenn jeder nicht nur seine eigenen Bedürfnisse und Wünsche sieht, sondern bereit ist, auch die des anderen zu berücksichtigen.

Input: Ideenspeicher

Überleitung:
„Wie ihr an den Geschichten gemerkt habt, können Streitereien unterschiedlich ausgehen. Meistens ist es so, dass einer gewinnt, und der andere verliert. Aber es gibt auch Konflikte – so wie bei den Kindern – da kann eine Lösung gefunden werden, die für beide Streitpartner gut ist. Unser Ziel ist es, mit euch zu üben, wie man Streitereien fair lösen kann, also so, dass beide Konfliktparteien gut damit leben können. Streiten ist ganz normal, und es wäre ja auch ganz schön langweilig, wenn wir uns nie streiten würden. Die Hauptsache dabei ist, dass man den anderen nicht fertigmachen will. Man kann lernen, fair zu streiten."

Einführen des Ideenspeichers

„An dieser Wand wollen wir bei unseren nächsten Treffen immer neue Ideen sammeln, die uns helfen, fair zu streiten. Wir nennen die Wand ab heute ‚Ideenspeicher – Fair streiten!‘ Wenn euch etwas einfällt, was wir dort aufschreiben sollen, dann sagt gerne Bescheid! Wir werden ab der nächsten Sitzung jedes Mal neue Ideen aufnehmen. Am Schluss des Trainings stehen dort hoffentlich ganz viele Hilfen, wie wir uns in Streitereien verhalten können.“

„Wir können heute unsere erste Idee dort aufschreiben: ***Fair streiten, statt zerstreiten!****“*

Aufnehmen in den Ideenspeicher →

ABSCHLUSS: Einführung der Rucksackwand

„Nach dem Ideenspeicher wollen wir jetzt noch eine neue Sache einführen – die ‚Rucksackwand‘. Dafür bekommt jeder gleich ein DIN A4-Papier mit einem Rucksack drauf. In einen Rucksack packt man alle Sachen, die man braucht. Weil ein Rucksack aber nicht so groß ist, kann man nur die wichtigsten Sachen hineinpacken. Ihr sollt in euren Rucksack ab heute immer die Sache packen, also hineinschreiben, die ihr von der jeweiligen Sitzung unbedingt mitnehmen wollt.
Lasst euch die heutige Einheit also noch einmal durch den Kopf gehen und überlegt, was ihr mitnehmen möchtet. Schreibt hinein, was für euch in dieser Einheit besonders wichtig war und was ihr persönlich gelernt habt. Beispielsweise könnt ihr hineinschreiben: ‚Man kann sich auch fair streiten‘ oder ‚Es muss nicht immer einen Sieger geben‘ oder ‚Streiten ist normal‘.“
Alle Kinder schreiben eine Sache in ihren Rucksack.

Auswertungsrunde:

„Was hast du heute in deinen Rucksack eingepackt?“

Zusammenfassung und Ausblick

Einführung des Stimmungs-Barometers:

„Zum Abschluss jedes Treffens sind wir immer daran interessiert, wie es euch geht und gefallen hat. Ihr seht hier auf der Erde ein Seil liegen. Stellt euch nun einmal vor, dieses Seil stellt eine Messlatte dar. Am einen Ende seht ihr das Gefühlskärtchen ‚Mir geht's super‘, am anderen Ende ‚Ich bin schlecht gelaunt‘. In der Mitte sagt die Karte ‚Es geht so‘.
Ich werde euch nun gleich eine Frage stellen, die ihr dadurch beantworten sollt, dass ihr euch an die Stelle des Seils stellt, die für euch am besten passt. Natürlich könnt ihr euch aber auch irgendwo zwischen die zwei Enden stellen.“

Einheit 2: Einstieg in das Thema „Konflikte"

Die Trainer demonstrieren einmal, wo sie sich auf die Frage hin *„Wie geht es dir jetzt?"* aufstellen würden.

1. **Frage:** *„Wie geht es dir jetzt?"* Wenn alle Kinder ihre Position eingenommen haben, fragen Sie: *„Möchte jemand sagen, warum er gerade dort steht?"*
2. **Frage:** *„Wie hat es dir heute gefallen?"* Wenn alle Kinder ihre Position eingenommen haben, fragen Sie: *„Möchte jemand sagen, warum er sich gerade dorthin gestellt hat?"*

Abschied:

„Tschüß! Vielen Dank fürs Mitmachen! Wir freuen uns auf das nächste Mal! Probiert doch bis zum nächsten Mal einmal das aus, was ihr in den Rucksack geschrieben habt!"

Paddelboot

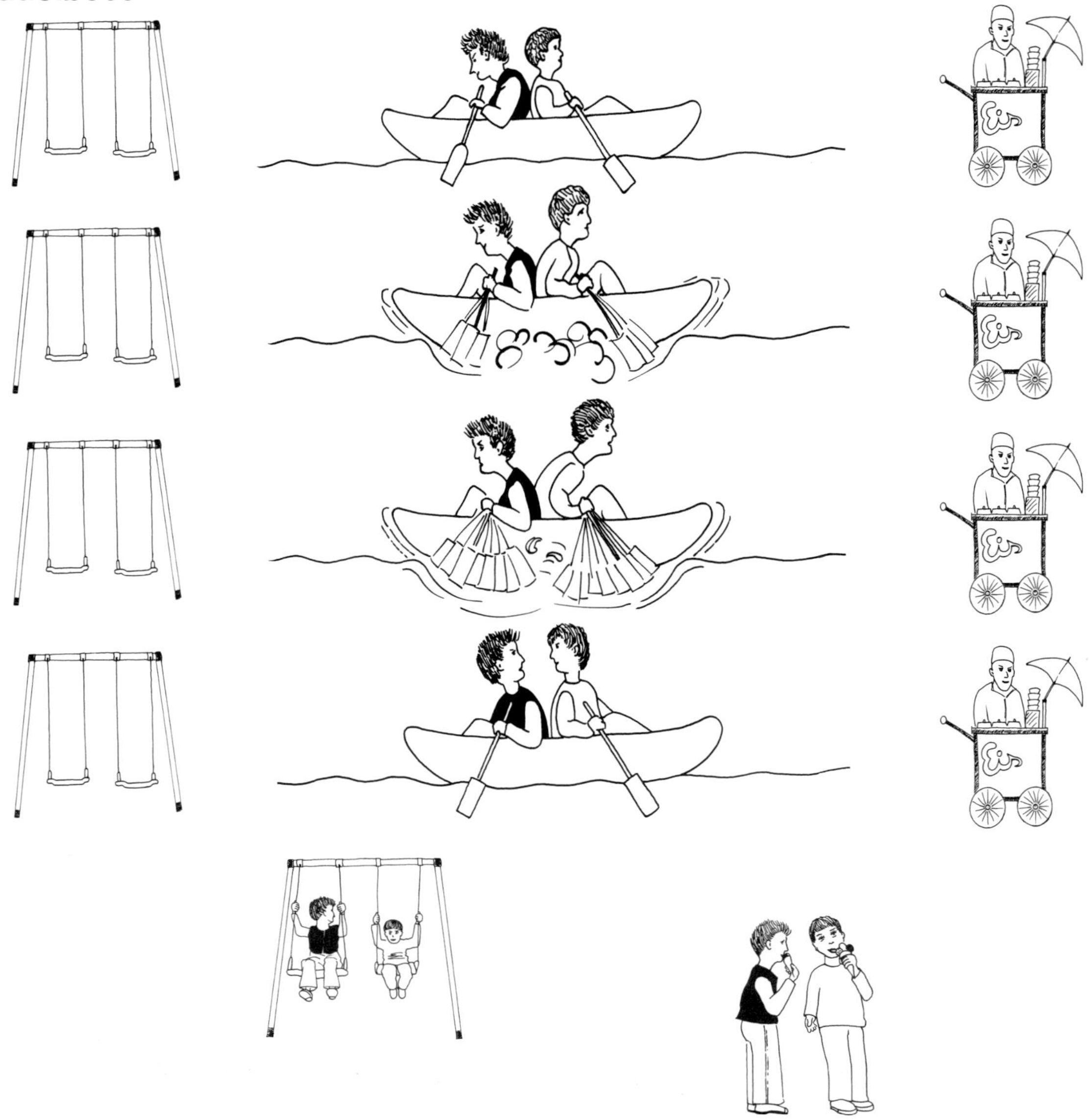

Rucksack-Kopiervorlage:

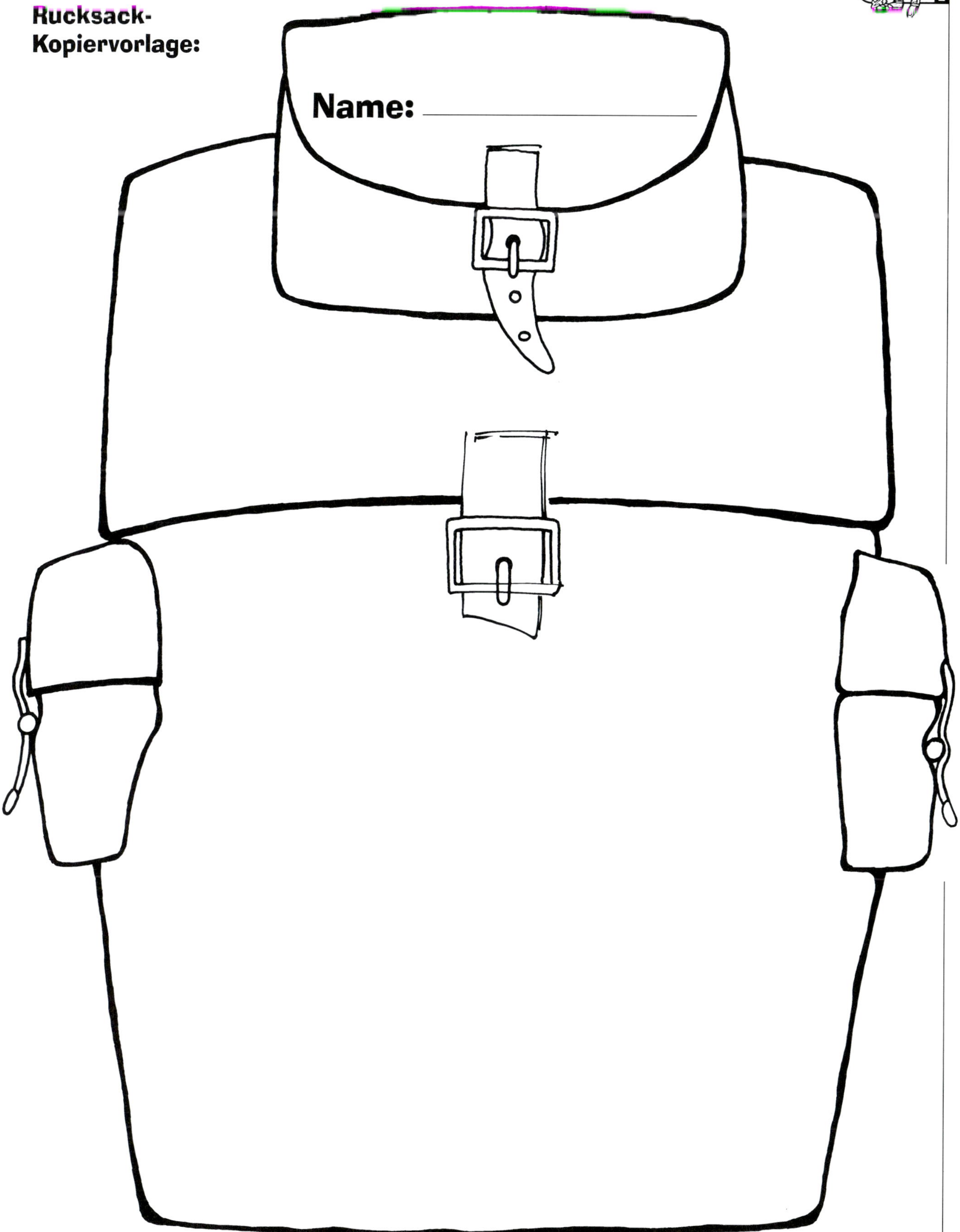

Anmerkung: *Je nach Bedarf können Sie die Vorlage etwas größer kopieren oder mehrere Vorlagen an die Teilnehmer verteilen.*

Einheit 3: Verhalten in Konflikten – Faires Streiten

Ablauf	Material	Dauer
Beginn	■ Gefühlskärtchen ■ Stab ■ Flipchart: „Ablauf der heutigen Sitzung“	10 Min.
Warming-up	■ ein Kochlöffel	10 Min.
Input	■ Flipchart: „Brainstorming-Regeln“	20 Min.
Rollenspiel	■ ein Schulheft ■ Klebepunkte	40 Min.
Abschluss	■ Rucksackwand ■ ein Seil	10 Min.

BEGINN

1. **Begrüßung**
2. **Stabrunde mit Gefühlskärtchen**
3. **Anknüpfen an die letzte Einheit:**
   „Wer von euch hat seit dem letzten Mal einen Streit erlebt, bei dem er sich diesmal besser zu helfen wusste?“
4. **Ablauf der heutigen Sitzung vorstellen**

Warming-up: „Kochlöffelspiel“

Durchführung:

Es wird ein Stuhlkreis gebildet. Jedes Kind hat darin einen Platz, nur der Trainer hat keinen eigenen Stuhl. Er hat einen Kochlöffel zwischen den Knien und muss nun einem Mitspieler diesen Löffel – ebenfalls zwischen dessen Knie – übergeben, ohne die Hände zur Hilfe zu nehmen. Der Löffel darf dabei nicht runterfallen. Nun ist dieses Kind an der Reihe, und der Trainer setzt sich auf den frei gewordenen Stuhl. Zur Übergabe des Löffels muss der Mitspieler aufstehen.

Jedes Kind sollte bei diesem Spiel mindestens einmal drankommen.
Um das Spiel zu erschweren, ist es nicht erlaubt, dem direkten Sitznachbarn den Löffel zu übergeben, und das Tempo wird zunehmend angezogen.

Input: Brainstorming

Erläutern Sie das Flipchart. Lesen Sie es vor und fragen Sie nach, ob alles verstanden wurde.

„Brainstorming-Regeln"

- so viele Ideen wie möglich sammeln
- so schnell wie möglich
- alles wird aufgeschrieben
- kein Kommentar

Flipchart

Durchführung:

Erklären Sie das Vorgehen mit folgenden Worten: *„Brainstorm" heißt – direkt aus dem Englischen übersetzt – „Gehirnsturm". Übertragen meint es, ein wahres „Ideenfeuerwerk" zu entzünden, d.h. viele Ideen einfach ungefiltert zu- und rauszulassen. Damit ist eine Technik gemeint, wie man zu einem Thema oder einem Problem (auch einem Streitfall) ziemlich gut und mehr Lösungen als üblich finden kann. Und zwar, indem alle Beteiligten spontan ohne Wertung sagen, was ihnen dazu einfällt."*

„Es ist immer gut, wenn man viele verschiedene Möglichkeiten hat, wie man sich in Konflikt-Situationen verhalten kann. Wir sind uns sicher, dass ihr selbst viele Möglichkeiten kennt. Wenn wir alle Ideen zusammentragen, dann können wir auch noch neue Möglichkeiten kennen lernen. Deswegen sammeln wir gleich im Brainstorming alle Ideen für einen bestimmten Streit. Beim Brainstorming sollte man einige Regeln beachten." (Flipchart erläutern)

Übung: Brainstorming

Durchführung:

Wählen Sie eine Konfliktsituation aus, die viele Verhaltensalternativen nahe legt. Sie können auf die Konfliktbilder, die die Kinder in der letzten Einheit gemalt haben, zurückgreifen und eine dieser Situationen als Ausgangslage nehmen.

Als Alternative können Sie auch diese Konfliktsituation vorspielen: Benni hat die Hausaufgaben nicht gemacht. 10 Minuten vor Unterricht will er von Julia abschreiben. Sie klappt aber ihr Heft zu.

Benni: *„Julia, kann ich bitte von dir abschreiben?"*
Julia: *„Nö."*
Benni: *„Och, bitte! Nur heute!"*
Julia: *„Nein! Immer willst du bei mir abschreiben!"*
Benni: *„Du blöde Kuh!"*

Die Trainer demonstrieren das ausgesuchte Beispiel.

Zuruf-Frage:

Alle Ideen werden aufgeschrieben:

„Wie könnte Julia auf diese Beleidigung reagieren? Sagt alles, was euch einfällt!" Schreiben Sie die Ideen handlungsorientiert auf, z.B. „Was soll das?!", weggehen usw.

Rollenspiel:

Durchführung:

„Wir haben nun eine lange Liste mit Ideen, wie sich Julia in dieser Situation verhalten könnte. Lasst uns mal einige Ideen anspielen. Jeder von euch sucht sich eine Idee aus, die er gern mal ausprobieren möchte. Ihr könnt auch eine Idee spielen, die schon jemand anderes ausgesucht hat".

Die Trainer spielen noch einmal gemeinsam die Situation vor, dann wechselt „Julia" und wird durch die Kinder ersetzt, d.h. einer der Trainer bleibt „Benni", die Schüler probieren die „Julia"-Rolle. Die Kinder stellen sich hintereinander auf. Jeder spielt eine Idee aus der Brainstorming-Liste nacheinander an. Es soll eine schnelle Abfolge von Szenen werden.

Der andere Trainer kann auch Ideen anspielen, um neue Vorschläge auszuprobieren und die Kinder zu motivieren.

Wenn Ideen angespielt werden, die nicht auf der Liste standen, werden diese anschließend hinzugefügt.

Auswertungsrunde:

„Welche der Ideen haltet ihr für fair? Wie würdet ihr euch auch ‚in echt' verhalten?"

Jeder Schüler erhält einen Klebepunkt und klebt diesen hinter die Lösung, die für ihn in Frage kommt.

Anschließend wird im Stuhlkreis noch einmal darüber gesprochen, warum eine bestimmte Lösung die geeignetste ist. Akzeptieren Sie auch, wenn Kinder eine schroffe Antwort für fair halten. Achten Sie aber auf den Verzicht von Gewalt.

Abschluss der Auswertungsrunde:

„Toll, dass so viele Ideen zusammengekommen sind! Es gibt doch allerhand Möglichkeiten, wie man auf so eine Beleidigung reagieren kann! Klasse, dass ihr euch getraut habt, in die Rolle von Julia zu schlüpfen."

Ideenspeicher:

„Wir haben heute einige Ideen für unseren Ideenspeicher bekommen."

Schreiben Sie am besten die drei bis vier Verhaltensweisen hinein, die von den Kindern am meisten bepunktet wurden. Lassen Sie sich die Karten von den Kindern diktieren — dann wissen alle, was neu im Ideenspeicher ist.

Aufnehmen in den Ideenspeicher

„Was soll das?"

weggehen

„Ich lasse dich nicht abschreiben, weil ..."

ABSCHLUSS Rucksackwand

„Geht bitte alle zu euren Rucksäcken und schreibt hinein, was für euch in dieser Einheit besonders wichtig war und was ihr persönlich gelernt habt."

Auswertungsrunde:

„Was hast du heute in deinen Rucksack eingepackt?"

Zusammenfassung und Ausblick:

Ermuntern zum Ausprobieren.

Stimmungs-Barometer:

„Wie geht es dir jetzt? Wie hat es dir heute gefallen?" Wenn alle Kinder ihre Positionen eingenommen haben: *„Möchte jemand sagen, warum er gerade an dieser Stelle des Stimmungs-Barometers steht?"*

Abschied:

„Tschüß! Vielen Dank fürs Mitmachen! Wir freuen uns auf das nächste Mal!"

Einheit 4: Umgehen mit Wut und sich selbst beruhigen

Ablauf	Material	Dauer
Beginn	■ Gefühlskärtchen ■ Stab ■ Flipchart: „Ablauf der heutigen Sitzung“	10 Min.
Warming-up	■ Flipchart: „Kräftemessen nach Regeln“ ■ Kreppband	10 Min.
Input		5 Min.
Einzelarbeit	■ Arbeitsblatt: „Wenn ich richtig wütend bin“ ■ Liste „Wie kriege ich meine Wut in Griff?“	15 Min.
Rollenspiel	■ Maske „Provoboter“	25 Min.
Übung	■ für jeden Teilnehmer ein Blatt Papier mit der Überschrift: „Ich mag an dir ...“ ■ Krepp-Klebeband, Stifte	15 Min.
Abschluss	■ Rucksackwand ■ ein Seil	10 Min.

BEGINN

1. **Begrüßung**
2. **Stabrunde mit Gefühlskärtchen**
3. **Anknüpfen an die letzte Einheit:**
„Beim letzten Mal haben wir gemeinsam überlegt, welche Möglichkeiten ihr alle kennt, um euch zu streiten, ohne den anderen zu schlagen oder ihn zu beleidigen. Wir Trainer fanden es ganz erstaunlich, wie viel euch da eingefallen ist.“
4. **Ablauf der heutigen Sitzung vorstellen**

Warming-up: „Grenzüberschreitung“

Idee aus: E. Welz & U. Dussa: ***„Mädchen sind besser – Jungen auch“*** (S. 105)

Durchführung:

Erklären Sie das Spiel mit den folgenden Worten: *„Wir wollen jetzt zum Aufwärmen einen kleinen Wettkampf machen. Dass Menschen gegeneinander z.B. beim Karate oder Fußball antreten, ist überhaupt nicht schlimm, sondern macht ja sogar Spaß. Damit der Wettkampf aber fair über die Bühne geht, ist es wieder ganz wichtig, dass sich alle Beteiligten an Regeln halten. Für den Wettkampf gleich gibt es auch bestimmte Regeln.“*

Erläutern Sie das Flipchart (siehe nächste Seite). Lesen Sie die Regeln vor und geben Sie Raum für Fragen.

„Kräftemessen nach Regeln"

- Niemand wird verletzt
- Spaß statt Ernst
- Teilnahme ist freiwillig
- „Stop" ist das Zeichen für den anderen aufzuhören

Flipchart

In der Mitte des Raumes markieren Sie mit Kreppband eine Grenze. Alle Kinder sollen sich zu Paaren zusammenfinden. Die Paare stehen sich rechts und links an der Grenze in gleichem Abstand gegenüber und fassen sich jeweils mit der rechten Hand an. Auf ein Startzeichen versucht jeder, den anderen über die Grenze zu ziehen, sodass dieser sie mit beiden Füßen übertritt. Wenn bei allen ein Sieger ermittelt ist, gehen alle Kinder auf der einen Seite eine Position weiter nach rechts.
Ein erneuter Zweikampf kann beginnen. Insgesamt sollten drei kleine Wettkämpfe stattfinden.

Input: Umgehen mit Wut und sich selbst beruhigen

Durchführung:

„Heute soll es darum gehen, was wir tun können, wenn wir so richtig wütend sind.
Wütend zu sein ist kein gutes oder schlechtes Gefühl, sondern ein ganz natürliches Gefühl. Die Schwierigkeit liegt nicht in dem Gefühl, vielmehr liegt sie darin, wie wir Wut manchmal ausdrücken. Manche Menschen z.B. neigen dazu, aus Wut irgendwelche Sachen kaputt zu machen. Andere reagieren ihre Wut sogar damit ab, dass sie der Person, auf die sie wütend sind, eine ‚scheuern'. Wieder andere werden gemein zu Personen, die mit ihrer Wut gar nichts zu tun haben. Wir finden, dass solche Menschen schlecht mit ihrer Wut umgehen. Könnt ihr euch denken, warum? (Kinder Ideen zurufen lassen.) *Um gut mit der eigenen Wut umzugehen, ist es wichtig, sie auf keinen Fall zu unterdrücken. Wir dürfen ruhig wütend sein, nur dürfen andere dadurch nicht zu Schaden kommen, auch wenn diese Personen uns wütend gemacht haben."*

Einzelarbeit: „Wenn ich richtig wütend bin"

AB

Durchführung:

Verteilen Sie ein Arbeitsblatt (s. S. 134) an jedes Kind. Sorgen Sie dafür, dass jeder genug Platz hat, um ungestört sein Blatt bearbeiten zu können. Am besten ist ein Tisch pro Kind.
Lesen Sie die Fragen von dem Arbeitsblatt noch einmal vor, und kündigen Sie an, dass gleich jeder 15 Minuten Zeit hat, die folgenden Fragen alleine für sich zu beantworten:

- **Was muss eine Person tun oder wie muss sie sein, damit sie dich so richtig wütend macht? Beschreibe eine konkrete Situation.**
- **Welche Tricks kennst du, um deine Wut in den Griff zu kriegen?** *(Suche nach friedlichen Möglichkeiten – ohne andere zu verletzen oder etwas kaputt zu machen.)*
  - **Was könntest du tun?**
  - **Was könntest du deinem Gegenüber sagen?**
  - **Was könntest du dir selbst sagen?**

Auswertungsrunde:

Jedes Kind darf die Situation nennen, die es wütend macht sowie die Tricks, die eigene Wut in den Griff zu kriegen. Sie schreiben in Stichworten auf der Metaplanwand mit, damit die genannten Situationen später als Ausgangssituationen präsent sind.
Fragen Sie dabei auch besonders danach, was sich die Kinder selbst sagen könnten.

„Tricks zur Wutkontrolle"

Situation	Tricks
Katrin: Mein Bruder ärgert mich	Ich gehe weg Ich lasse mich nicht ärgern
Jens: Wir verlieren beim Fußball	Ich schieße noch ein paar Bälle ins leere Tor
Monika: …	…

Metaplan

In der Hinterhand haben Sie noch eine Liste mit weiteren Möglichkeiten, die ergänzend zu denen der Kinder genannt werden können (z.B. Ihre eigenen Tricks). Das jedoch nur, wenn ***neue*** Aspekte dazukommen und die ursprüngliche Liste nicht ausreichend scheint! (Liste s. S. 131)

Aufnehmen in den Ideenspeicher

- ruhig bleiben
- tief durchatmen
- bis 20 zählen
- weggehen
- „Ich will, dass du aufhörst …"
- laut schreien

Liste: „Wie kriege ich meine Wut in den Griff?"

nach: O. Hagedorn: ***„Konfliktlotsen"*** (S. 64)

- tief durchatmen
- bis 20 zählen
- cool bleiben
- gar nicht hinhören
- weggehen
- einen Schritt zurückgehen
- Faust in der Hosentasche ballen
- „Was der sagt, nehme ich doch gar nicht ernst!"
- „Der will mich doch nur ärgern!"
- „Soll er doch gegen die Wand reden – ich mach, was ich für richtig halte!"
- Körper für kurze Zeit anspannen und die Spannung danach loslassen
- den anderen bitten aufzuhören
- an was anderes denken, was anderes machen

Rollenspiel:

Idee aus:
F. Schwarzhans & T. Hauck:
„Streittraining – fair streiten lernen"

Durchführung:

1. *„Jedes Kind kann jetzt die Tricks, die wir eben gesammelt haben, testen bzw. vorführen. Damit ihr auch richtig wütend werdet, bekommt jeder einen ‚Provokations-Roboter' oder auch kurz ‚Provoboter'. Dieser provoziert, d.h. reizt euch so lange, bis ihr richtig wütend seid. Dann könnt ihr am besten ausprobieren, ob eure Tricks auch wirklich funktionieren."*

2. *„Wir wollen euch einmal zeigen, wie die Provoboter funktionieren."* Einer der Trainer übernimmt die Rolle des Provoboters. Dazu zieht er sich die Maske über den Kopf (Kopiervorlage S. 135) und fängt an, den anderen Trainer mit Schimpfwörtern, Kitzeln etc. zu reizen. Der provozierte Trainer soll nach bestimmter Zeit vormachen, wie er auf die Provokation reagiert, indem er eine oder zwei der gesammelten Ideen aufgreift. Beispielsweise: *„Du kannst mich nicht ärgern!"* und weggehen.

3. Die Kinder tun sich nun paarweise zusammen. Ein Kind übernimmt zuerst die Rolle des Provoboters. Hinterher kann gewechselt werden. Die Paare treten nun nacheinander auf. Der Provoboter darf alles sagen und machen (außer körperlicher Gewalt), um das andere Kind zu provozieren. Das Testkind soll wütend werden und die Tricks zur Wutkontrolle ausprobieren. Außerdem kann es natürlich auch alles machen, was schon an Möglichkeiten im Ideenspeicher steht (dumm stellen, den anderen auflaufen lassen, weggehen, ...). – **Schläge und grobe Beleidigungen sind verboten**.

Wenn ein Kind nicht mitmachen möchte, ist das in Ordnung.
Wenn sich ein Provoboter weigert, übernehmen Sie diese Rolle.
Erläutern sie auf jeden Fall den Sinn der Maske: Sie soll die provozierende Person anonymisieren und den Kindern das Provozieren erleichtern, indem sie in die Rolle einer anderen Person schlüpfen.
Möchte ein Kind die Maske auf keinen Fall aufsetzen, ist dies auch in Ordnung.
Die Aufgabe des Publikums ist es zuzugucken und, wenn das Testkind auf das Publikum zeigt, Tricks zuzurufen.

4. Hinterher interviewen Sie das Testkind: *„War es schwer? Welche Tricks hast du ausprobiert?“*
Fragen Sie vor allem nach, ob das Kind sich auch etwas leise zur Beruhigung gedacht oder gesagt hat, was für das Publikum unsichtbar war.

Übung: „Rück(en)-meldung“

Überleitung:
„Weil wir uns gerade so viel gegenseitig geärgert haben, wollen wir uns zum Abschluss noch etwas Gutes tun.“
Jedes Kind bekommt ein Papier mit seinem Namen drauf. Es wird mit Krepp-Klebeband auf den Rücken geklebt. Auf dem Blatt steht:
„Ich mag an dir ...“.
Die Teilnehmer schreiben sich nun gegenseitig etwas Positives, was ihnen zueinander einfällt, auf das Papier, das am Rücken klebt.

Betonen Sie, dass es sich bei dieser Übung um die Wahrnehmung des Positiven im anderen handelt. Achten Sie darauf, dass keine „versteckten“ negativen Rückmeldungen *(z.B. „Ich mag an dir, dass du mich nicht ansprichst“)* und nicht ausschließlich äußerliche *(„schöne Haare“)* oder leistungsbezogene Rückmeldungen *(„..., dass du so gut Mathe kannst“)* gegeben werden.
Fordern Sie die Kinder dazu auf, sich so Rückmeldung zu geben, dass jeder mindestens zwei Einträge auf seinem Papier hat.
Geben Sie anschließend Zeit zum Lesen der Blätter und fragen Sie die Kinder, ob sie noch etwas zu ihrem Blatt loswerden möchten.

Dieses Spiel bedarf einer sehr genauen Anleitung und einer angemessenen Atmosphäre in der Gruppe. Wenn Sie befürchten, dass einige Kinder das Spiel nicht ernst nehmen und andere Kinder ärgern wollen, dann verzichten Sie an dieser Stelle lieber auf das Spiel!

ABSCHLUSS
Rucksackwand

„Geht bitte alle zu euren Rucksäcken und schreibt hinein, was für euch in dieser Einheit besonders wichtig war und was ihr persönlich gelernt habt."

Auswertungsrunde:

„Was hast du heute in deinen Rucksack eingepackt?"

Zusammenfassung und Ausblick:

Ermuntern zum Ausprobieren der gelernten Tricks.

Stimmungs-Barometer:

„Wie geht es dir jetzt? Wie hat es dir heute gefallen?"
Wenn alle Kinder ihre Positionen eingenommen haben:
„Möchte jemand sagen, warum er an einer bestimmten Stelle des Stimmungs-Barometers steht?"

Abschied:

„Tschüß! Vielen Dank fürs Mitmachen! Wir freuen uns auf das nächste Mal!"

AB

Arbeitsblatt:

Wenn ich richtig wütend bin ...

- Was muss eine Person tun oder wie muss sie sein, damit sie dich so richtig wütend macht? Beschreibe eine konkrete Situation.

___

___

___

- Welche Tricks kennst du, um deine Wut in den Griff zu kriegen? (Suche nach ***friedlichen*** Möglichkeiten – ohne andere zu verletzen oder etwas kaputt zu machen.)

  - Was könntest du **tun?**

  ___

  ___

  - Was könntest du deinem **Gegenüber sagen?**

  ___

  ___

  - Was könntest du **dir selbst sagen?**

  ___

  ___

Kopiervorlage: Maske Provoboter

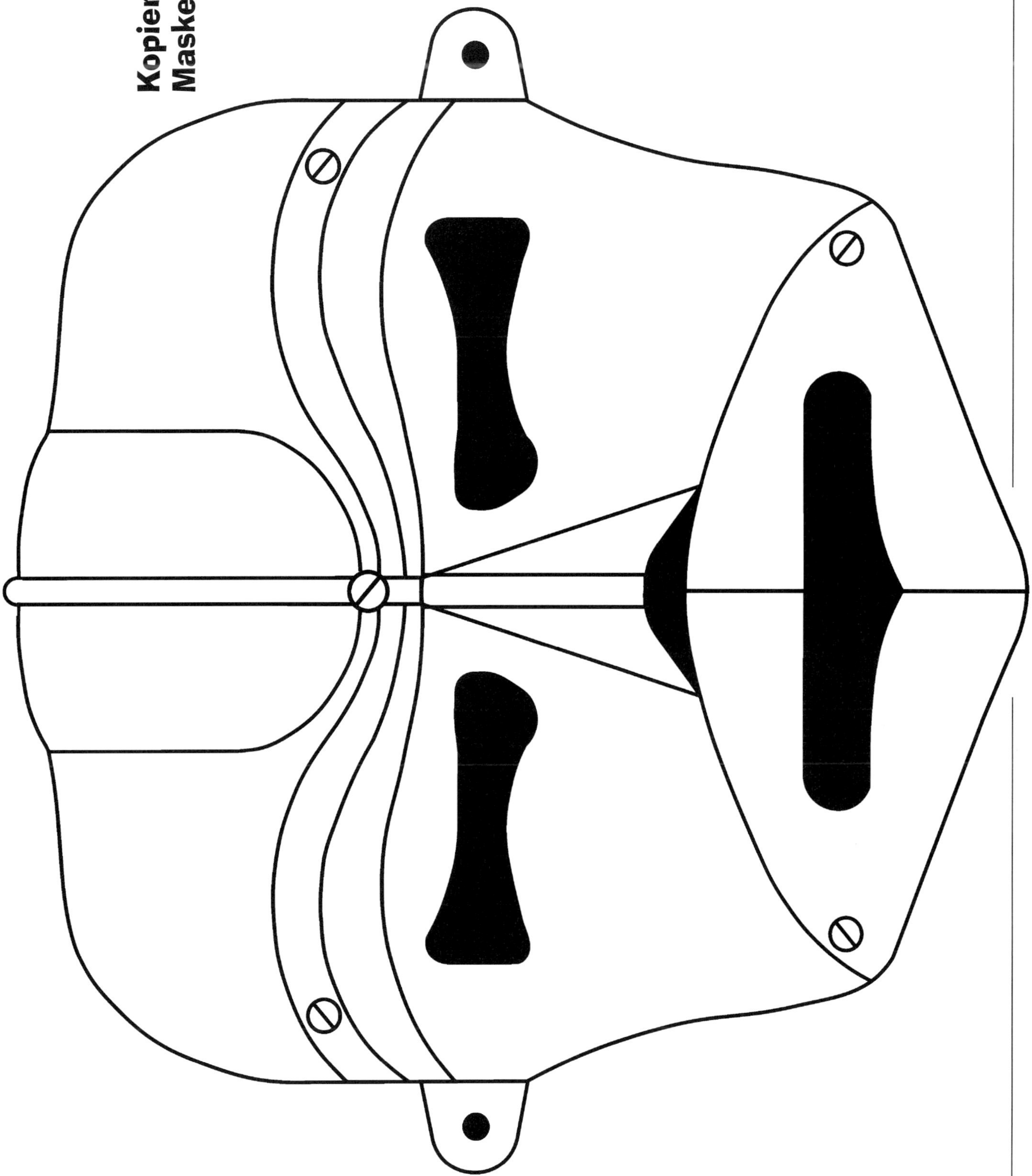

Einheit 5: Gefühle bei sich selbst und anderen wahrnehmen

Ablauf	Material	Dauer
Beginn	■ Gefühlskärtchen ■ Stab ■ Flipchart: „Ablauf der heutigen Sitzung"	10 Min.
Warming-up		10 Min.
Übung	■ Liste mit Bewegungen ■ Kassettenrekorder und Musik	15 Min.
Rollenspiel	■ Klebepunkte	45 Min.
Abschluss	■ Rucksackwand ■ ein Seil	10 Min.

1. **Begrüßung**
2. **Stabrunde mit Gefühlskärtchen**
3. **Anknüpfen an die letzte Einheit:**
„Wer von euch hat seit dem letzten Mal einen Streit erlebt, bei dem er sich besser zu helfen wusste? Wer von euch hat seit dem letzten Mal eine Lösung erprobt, die er hier gelernt hat?"
4. **Ablauf der heutigen Sitzung vorstellen**

Warming-up: „Geburtstags-kette"

Durchführung:

Die Kinder bekommen die Aufgabe, sich in der Reihenfolge aufzustellen, wie ihre Geburtstage über das Jahr verteilt sind. Es soll also nicht die Älteste am einen Ende stehen, der Jüngste am anderen, sondern wer am 1. Januar geboren ist, steht am einen Ende, wer zu Silvester geboren wurde dagegen am anderen. Die Kinder dürfen **nicht** miteinander sprechen. Sie dürfen sich nur durch Gestik und Mimik verständigen. Erst wenn die Reihe steht, darf jeder zur Kontrolle laut den eigenen Geburtstag nennen.

Übung: „Gefühle einfrieren"

Durchführung:

Leiten Sie die Übung mit den folgenden Worten ein:
„Heute soll es um Gefühle gehen, die wir als Menschen haben. Wir wollen uns klar machen, welche eigenen Gefühle wir kennen, und überlegen, wie man Gefühle bei anderen erkennen kann."

Zuruf-Frage:

„Welche Gefühle kennt ihr?" Jeder soll ein Gefühl nennen, der Trainer schreibt mit.

„Zu einem Gefühl gehört ja auch immer eine bestimmte Körperhaltung. Wir wollen mal einige Gefühle und die dazu passenden Körperhaltungen ausprobieren."

Der Trainer sagt an, in welcher Weise sich die Kinder zur Musik bewegen sollen, z.B. glücklich, stolz, wütend, ängstlich, selbstbewusst, traurig (siehe Liste unten). Es ist deshalb wichtig, Musik auszuwählen, zu der man sich sowohl fröhlich als auch traurig gut bewegen kann.

Wenn die Kinder diese einfachen Angaben problemlos ausführen, können sie sich im nächsten Schritt so bewegen, als würden sie sich in bestimmten Situationen befinden.

Bewegt euch zur Musik so, als wäret ihr:

1. glücklich
2. ängstlich
3. stolz
4. wütend
5. traurig
6. schüchtern
7. fröhlich
8. ausgelassen
9. nachdenklich

Bewegt euch zur Musik so, als wäret ihr in folgender Situation:

10. wenn du erfährst, dass du Hitzefrei hast
11. wenn du eine schlechte Zensur bekommen hast
12. wenn du etwas ausgefressen hast
13. wenn du einen Gruselfilm allein in einem dunklen Raum guckst
14. wenn du dein Lieblingsbuch verloren hast
15. wenn du erfährst, dass deine beste Freundin/dein bester Freund in eine andere Stadt zieht
16. wenn deine Eltern dir ein Haustier erlauben
17. wenn deine Banknachbarin/dein Banknachbar sich immer Sachen von dir ausleiht, ohne vorher zu fragen

Immer, wenn die Musik ausgestellt wird, sollen die Kinder in ihrer Bewegung verharren. Dann können sie sich anschauen, wie die anderen Kinder aussehen. Schließlich geht es mit Musik und einer neuen Anweisung weiter. Entscheiden Sie selbst, wie viele Durchgänge Sie machen wollen.

Sie können es auch den Kindern überlassen, Bewegungsvorschläge zu machen.

Auswertungsrunde:

„War es schwer, bestimmte Gefühle oder Situationen auszudrücken?
Wie könnt ihr bestimmte Gefühle ausdrücken?
Woran erkennt ihr, wie andere sich fühlen?"

Die Antworten auf die letzten beiden Fragen schreibt der Trainer mit.

Einheit 5: Gefühle bei sich selbst und anderen wahrnehmen

Rollenspiel:

Überleitung:

„In Konflikten spielen Gefühle immer eine große Rolle! Gut ist es, wenn man erkennt, wie es dem anderen geht. Und es ist immer sehr hilfreich, wenn man weiß, wie man sich selbst gerade fühlt und seine eigenen Gefühle auch ausdrücken kann. Wenn z.B. jemand eine richtige Wut im Bauch hat, ist es besser, dass er das einmal deutlich sagt („Mann, bin ich vielleicht sauer!"), als wenn er scheinbar grundlos schlechte Stimmung verbreitet oder seine Wut vielleicht sogar an jemand anderem ablässt."

Sie können auf ein von den Kindern gemaltes Konfliktbild zurückgreifen und diese Situation als Ausgangslage für das Rollenspiel verwenden.

Alternatives Rollenspiel:

Situation: Sportunterricht. Die Klasse hat Völkerball gespielt.
Julias Mannschaft hat gewonnen, die von Benni hat verloren.
Julia *(singt fröhlich und tanzt um Benni herum):*
„Wir ha'm gewonnen! Und ihr nicht!"
Benni schmollt.

Die Trainer demonstrieren diese Szene einmal.

Zuruf-Frage:

„Wie fühlt sich Benni wohl in der Situation? Wie fühlt sich Julia?"

Brainstorming:

Wie kann Benni reagieren? *„Benni soll Julia gegenüber seine Gefühle deutlich machen und dabei mit möglichst fairen Mitteln auskommen, d.h. er soll nicht gewalttätig werden und Julia nicht grob beleidigen."*
Die Ideen werden auf einem Flipchart mitgeschrieben.

Jeder soll sich eine Reaktion von der Brainstorming-Liste aussuchen und sie der Reihe nach anspielen. Ein Trainer bleibt in der Rolle von Julia.
Die Kinder übernehmen nacheinander die Benni-Rolle. *„Denkt bitte daran, wie Benni wohl gerade zumute ist!"*
Auch der andere Trainer kann Ideen anspielen, um Tempo reinzubringen. Wenn Ideen angespielt werden, die nicht auf der Liste standen, werden diese anschließend der Liste hinzugefügt.

Auswertungsrunde:

„War es leicht oder schwer, sich als Benni zu verhalten? Überlegt noch einmal, welche Idee ihr für fair und realistisch haltet. Dort könnt ihr euren Punkt hinkleben." Die Kinder kleben ihren Klebepunkt hinter die Lösung, die am besten zu ihnen passt. Akzeptieren Sie, dass Kinder z.B. „motzen" auch als fair bewerten.
Die Ideen, die am häufigsten bepunktet wurden, werden, falls noch nicht darin enthalten, in den Ideenspeicher aufgenommen. Achten Sie darauf, dass auch eine Gefühlsäußerung darunter ist!

© Verlag an der Ruhr
Postfach 10 22 51
45422 Mülheim an der Ruhr
www.verlagruhr.de

Aufnehmen in den Ideenspeicher

„Ich find's blöd, wenn du keine Rücksicht auf mich nimmst!"

„Lass mich in Ruhe! Ich bin gerade traurig!"

ABSCHLUSS: Rucksackwand

„Geht bitte alle zu euren Rucksäcken und schreibt hinein, was für euch in dieser Einheit besonders wichtig war und was ihr persönlich gelernt habt."

Auswertungsrunde:

„Was hast du heute in deinen Rucksack eingepackt?"

Zusammenfassung und Ausblick:

Ermuntern zum Ausprobieren.

Stimmungs-Barometer:

„Wie geht es dir jetzt? Wie hat es dir heute gefallen?"
Wenn alle Kinder ihre Positionen eingenommen haben: *„Möchte jemand sagen, warum er an dieser Stelle des Stimmungs-Barometers steht?"*

Abschied:

„Tschüß! Vielen Dank fürs Mitmachen! Wir freuen uns auf das nächste Treffen! Und versucht einmal, das, was ihr heute gelernt habt, in Wirklichkeit auszuprobieren."

Einheit 6: Positionen und Interessen unterscheiden – Verhalten und was dahinter steckt

Ablauf	Material	Dauer
Beginn	■ Gefühlskärtchen ■ Stab ■ Flipchart: „Ablauf der heutigen Sitzung“	10 Min.
Warming-up		10 Min.
Demonstration	■ eine Orange ■ ein Messer ■ eine Küchenraspel ■ eine Zitruspresse	10 Min.
Input	■ Folie: „ICH und DU in der Erde“ ■ Overhead-Projektor	
Rollenspiel	■ „Bravo-Hits“-CD oder andere CD	35 Min.
Abschluss	■ Rucksackwand ■ ein Seil	10 Min.

BEGINN

1. Begrüßung

2. Stabrunde mit Gefühlskärtchen

3. Anknüpfen an die letzte Einheit:

„Wer von euch hat seit dem letzten Mal einen Streit erlebt, bei dem er sich besser zu helfen wusste?
Wer von euch hat seit dem letzten Mal eine Lösung erprobt, die er hier gelernt hat?“

4. Ablauf der heutigen Sitzung vorstellen

Warming-up: „Pinguine und Flamingos“

Durchführung:

Bei diesem Fangspiel gibt es einen Flamingo (den „Fänger“) und eine Horde von Pinguinen (die „Gejagten“). Der Flamingo bewegt sich mit schwingenden Armen und „storchartigem“ Gang (Knie beim Gehen hochziehen).

Die Pinguine dürfen nur durch die Gegend „watscheln", d.h. sie können sich nur mit kleinen, schnellen Schritten fortbewegen, wobei sich die Fersen berühren müssen und die Fußzehen nach außen zeigen. Die Arme liegen eng am Körper an, und die Hände stehen auf Hüfthöhe seitlich ab.

Fänger und Gejagte können sich also nur sehr langsam bewegen. Wenn der Flamingo einen Pinguin getickt hat, wird dieser auch zum Flamingo und muss sich als solcher fortbewegen. Von nun an ist er auch ein Fänger und muss versuchen, möglichst viele Pinguine zu fangen.
Das Spiel ist zu Ende, wenn es nur noch Flamingos gibt. Da dies häufig sehr schnell geht, können ruhig drei bis vier Durchgänge mit neuen Fängern gespielt werden.

Trainer-Demonstration: „Streit um eine Orange"

Idee aus: K. Faller, W. Kerntke & M. Wackmann: ***„Konflikte selber lösen"*** *(S. 113)*

Einleitung:

„Wir werden euch gleich ein kleines Rollenspiel vorführen. Schaut genau hin, was passiert, und hört zu, worum es geht."

Situation: Marco und Anne streiten sich um eine Orange.
Marco: *„Gib sie mir!"*
Anne: *„Nein, ich will sie haben!"*

Dieser Streit geht noch ein wenig hin und her und wird langsam heftiger. Schließlich einigen sich beide darauf, die Orange zu teilen. Jeder geht mit seiner Hälfte weg. Marco raspelt die Schale ab, weil er sie für seinen Kuchen braucht und schmeißt dann das Fruchtfleisch weg. Anne presst sich einen Orangensaft und wirft die Schale weg.

Damit die Demonstration gut ankommt, ist es wichtig, dass Sie die Szene wirklich mit allen Requisiten spielen. Es darf nicht erklärt werden, was geschieht, sondern die Kinder sollen es beobachten können.

Zuruf-Fragen:

*„Was ist passiert?
Was wollte Marco? Was wollte Anne?
Wie hätte der Streit verhindert werden können?"*

Überleitung:

„Wenn beide vorher gesagt hätten, wofür sie die Orange brauchen, hätte es gar nicht zum Streit kommen müssen. Sie hätten die Orange nicht einmal teilen müssen. Damit es nicht zum Streit kommt, aber auch während des Streits, ist es wichtig, dass alle Beteiligten sagen, warum sie eine bestimmte Meinung haben oder einen bestimmten Standpunkt vertreten. Es geht also darum, die Interessen, die sich hinter einer Position verbergen, zum Ausdruck zu bringen."

Einheit 6: Positionen und Interessen unterscheiden – Verhalten und was dahinter steckt

Input: Positionen und Interessen unterscheiden

nach:
O. Hagedorn:
„Konfliktlotsen" (S. 91)

Durchführung:
Legen Sie die Folie „ICH und DU in der Erde" auf.
Erklären Sie die Folie, indem Sie alles Geschriebene vorlesen.

„Stell euch einmal vor, dieses ICH und DU wären Blumen, die in der Erde wachsen. Ein Teil dieser Blumen wächst über der Erde, die Blüten und Blätter nämlich. Ein anderer, sehr großer Teil der Blumen befindet sich aber unter der Erdoberfläche. Das sind die weit verzweigten Wurzeln. So ähnlich ist das auch bei Konflikten. Was man sieht und hört, ist immer nur, wie der andere spricht, was der andere sagt, wie der andere dasteht und wie er schaut."

Im Streit um die Orange haben Marco und Anne am Anfang nur gesagt, dass sie beide die Apfelsine haben wollen. Wir konnten an ihrem Gesichtsausdruck und daran, wie sie gesprochen haben, hören und sehen, dass beide dabei immer zorniger und lauter wurden. Was wir nicht hören oder sehen: Ich selbst und der andere haben ganz bestimmte Gründe, warum wir uns so verhalten. Hinter dem Verhalten, der Position, stecken also Wünsche und Interessen. Marco und Anne hatten beide Unterschiedliches mit der Orange vor. Sie hatten verschiedene Interessen."

Zuruf-Fragen:

„Was ist der Vorteil davon, wenn man sagt, warum man eine bestimmte Meinung hat? Denkt ans Orangenbeispiel!"
Sammeln Sie die Antworten der Kinder an der Metaplanwand oder an der Tafel (z.B. Missverständnisse vermeiden, den anderen besser verstehen, leichter Kompromisse finden, sich besser einig werden, ...).

„Wie könnte man herausfinden, warum sich der andere so verhält, wie er sich verhält?"

Aufnehmen in den Ideenspeicher →

Interessen benennen
„Ich möchte ...,
weil ..."

Interessen erfragen
„Warum tust/
sagst du ...?"

Rollenspiel:

Durchführung:
Sie können auf ein Konfliktbild zurückgreifen und die Konfliktsituation daraus als Ausgangslage für das Rollenspiel verwenden. Geeignet ist ein Konflikt, in dem es sich eindeutig um unterschiedliche Interessen handelt. Die Trainer spielen die Situation vor.

Alternatives Rollenspiel:

Situation: Christoph erzählt Maike von seiner neuen Bravo-Hits-CD. Maike möchte sich die CD von ihm ausleihen.

Christoph: *„Die CD ist wirklich cool. Lauter klasse Lieder drauf!"*

Maike: *„Kann ich sie mir heute mal ausleihen?"*

Christoph: *„Nö!"*

Maike: *„Du bist gemein. Nie leihst du mir was. Behalt doch deine doofe CD!"*

Zuruf-Fragen : *„Wie fühlt sich Christoph? Wie fühlt sich Maike?"*

Teilen Sie die Kinder in zwei Gruppen auf und gehen Sie jeweils mit in eine Kleingruppe. Erarbeiten Sie mit den Kindern:

„Warum verhalten sich die beiden Streitenden wohl so?
Warum will Maike die CD ausleihen?
Warum will Christoph sie ihr nicht geben?
Welche Interessen oder Gründe stecken dahinter?"

Eine Kleingruppe überlegt dabei mögliche Gründe für Maikes, die andere für Christophs Verhalten. Halten Sie die Antworten auf Flipcharts fest. Die Ergebnisse werden anschließend im Stuhlkreis zusammengetragen.

Flipcharts

Warum will Maike die CD ausleihen?

- will sich die CD überspielen
- findet Bravo-Hits toll
- hat kein Geld, um sich selbst eine CD zu kaufen
- will sie ihrer Schwester zeigen
- hat Christoph neulich auch eine CD geliehen

Warum will Christoph die CD Maike nicht geben?

- möchte die CD die ganze Zeit anhören
- Mutter hat ihm verboten, Dinge zu verleihen
- hat schlechte Erfahrungen mit Maike gemacht
- denkt, dass Maike sie 2 Wochen behalten will

Nun übernehmen zwei Kinder die Rollen von Maike und Christoph. Um ein wenig Wettkampfatmosphäre zu schaffen, kommen die beiden Rollenspieler jeweils aus der Gruppe, die sich Gründe für das Verhalten eben dieser Person überlegt hatte.

Es treten also nacheinander immer eine Maike und ein Christoph gegeneinander an und spielen die Szene vor. Der Beginn ist identisch mit dem oben beschriebenen.
Dann erfolgt der Austausch von Interessen.
Eingeleitet wird mit der Frage: *„Warum möchtest du die CD leihen?“* bzw. *„Warum willst du mir die CD nicht geben?“*
Die Kinder sollen in ihrer Rolle mit Hilfe der beiden Flipcharts ihr Verhalten begründen.

Fortführung:

Andere Kinder können noch mal in die Rollen schlüpfen.
Auch können die Kinder andere Ideen aus dem Ideenspeicher ausprobieren.
Die Trainer können Ideen anspielen, die vielleicht von Kindern noch nicht gewählt wurden.

Auswertungsrunde:

*„Haben sich Maike und Christoph angenähert?
War eine Einigung möglich?
Wie würdet ihr euch auch ‚in echt‘ verhalten?“*

ABSCHLUSS: Rucksackwand

„Geht bitte alle zu euren Rucksäcken und schreibt hinein, was für euch in dieser Einheit besonders wichtig war und was ihr persönlich gelernt habt.“
Runde: *„Was hast du heute in deinen Rucksack eingepackt?“*

Zusammenfassung und Ausblick:

Ermuntern zum Ausprobieren der neuen Kompetenzen

Stimmungs-Barometer:

„Wie geht es dir jetzt? Wie hat es dir heute gefallen?“
Wenn alle Kinder ihre Positionen eingenommen haben: *„Möchte jemand sagen, warum er sich gerade an dieser Stelle des Stimmungs-Barometers befindet?“*

Abschied:

*„Tschüß! Vielen Dank fürs Mitmachen!
Wir freuen uns auf das nächste Treffen!“*

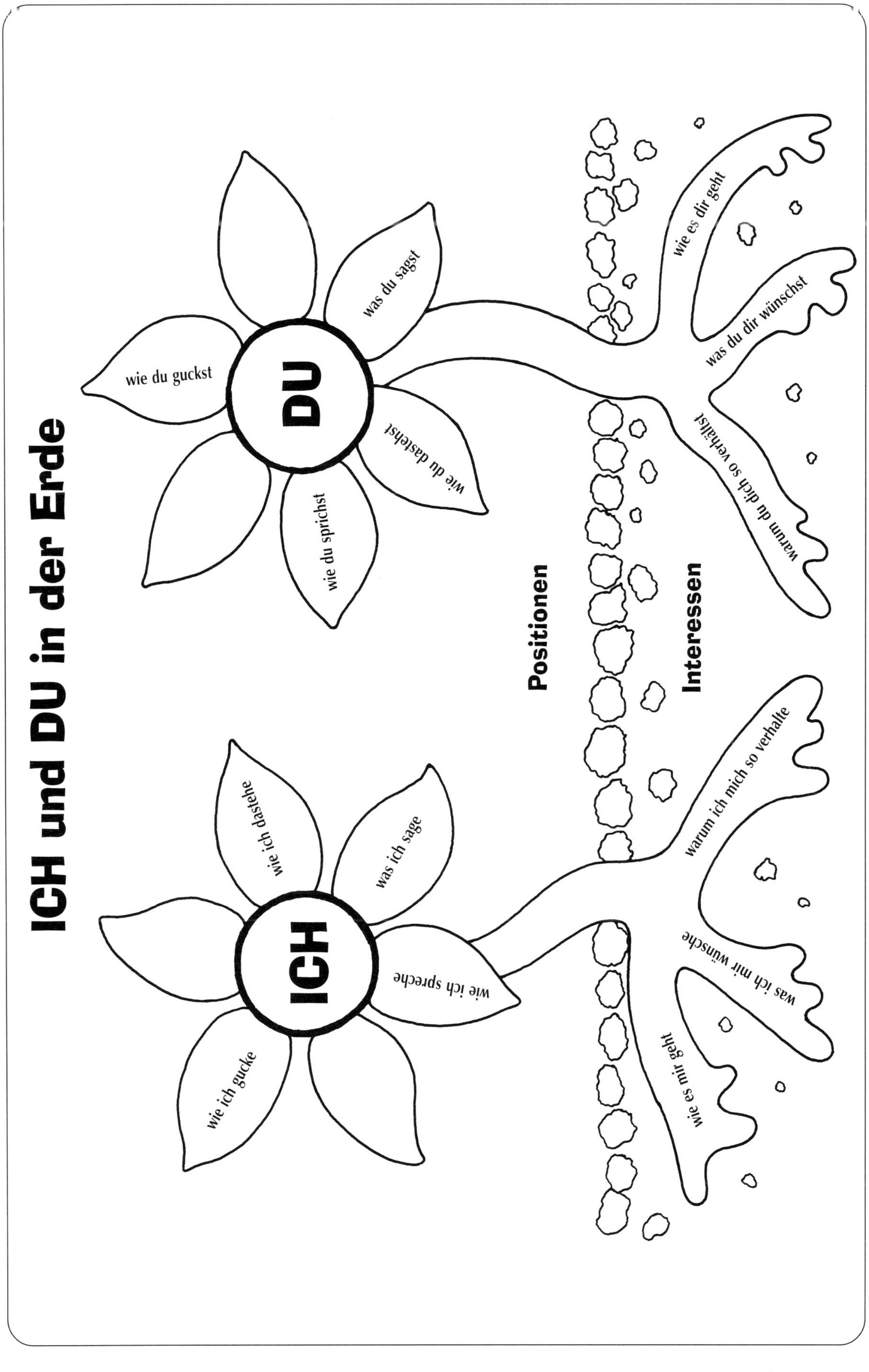
ICH und DU in der Erde
DU
wie du guckst
was du sagst
wie du dastehst
wie du sprichst
ICH
wie ich dastehe
was ich sage
wie ich spreche
wie ich gucke
Positionen
Interessen
wie es dir geht
was du dir wünschst
warum du dich so verhältst
warum ich mich so verhalte
was ich mir wünsche
wie es mir geht

Einheit 7: Ich-Botschaften formulieren

Ablauf	Material	Dauer
Beginn	■ Gefühlskärtchen ■ Stab ■ Flipchart: „Ablauf der heutigen Sitzung“	10 Min.
Warming-up	■ Kärtchen mit Ausgangssituationen ■ DIN A4-Blätter mit Quiz-Antworten ■ Kreppband	10 Min.
Input	■ Flipchart: „Ich-Botschaften“	5 Min.
Übung	■ Arbeitsblatt „Ich-Botschaften formulieren“ für jeden	20 Min.
Rollenspiel	■ Schulheft ■ Buntstifte	35 Min.
Abschluss	■ Rucksackwand ■ ein Seil	10 Min.

BEGINN

1. **Begrüßung**
2. **Stabrunde mit Gefühlskärtchen**
3. **Anknüpfen an die letzte Einheit:**
„Wer von euch hat seit dem letzten Mal einen Streit erlebt, bei dem er sich besser zu helfen wusste? Wer von euch hat seit dem letzten Mal eine Lösung erprobt, die er hier gelernt hat?“
4. **Ablauf der heutigen Sitzung vorstellen**

Warming-up: „1, 2 oder 3“

Durchführung:

Leiten Sie das Spiel mit den folgenden Worten ein:
„Wir möchten mit euch zu Beginn ein kleines Quiz machen. Wir glauben nämlich, dass ihr nach sechs Treffen schon einiges darüber wisst, wie man sich in Konflikten verhalten sollte. Die Übung geht wie die Sendung ‚1, 2 oder 3‘.“

Die Trainer haben drei Ausgangssituationen mit je drei Reaktionsmöglichkeiten vorbereitet. Die Handlungsalternativen stehen gut lesbar auf DIN A4-Blättern.

Die drei Alternativen werden an je einem Stuhl befestigt.
Nun wird die erste Ausgangssituation vorgelesen, und die Kinder müssen sich vor den Stuhl stellen, auf dem die Alternative steht, die sie am fairsten finden.

Der Ablauf bleibt immer gleich: Die drei Stühle werden mit den Alternativen versehen, danach wird die Ausgangssituation vorgelesen, und im Anschluss daran ordnen sich die Kinder den Stühlen zu.

Eine Frage könnte lauten:
„Wie sollte man sich eurer Meinung nach verhalten, damit es nicht in einer Klopperei endet? 1, 2 oder 3?!“
Im Folgenden finden Sie drei Beispiele für Ausgangssituationen und die jeweiligen Handlungsalternativen. **Die fairste Alternative ist immer fett gedruckt.**

Ausgangssituation (wird vorgelesen)	**Alternative 1** (klebt auf dem 1. Stuhl)	**Alternative 2** (klebt auf dem 2. Stuhl)	**Alternative 3** (klebt auf dem 3. Stuhl)
1. Du hast deiner Freundin dein liebstes Comic-Heft geliehen. Als sie es dir zurückgibt, hat es einen Riss im Deckblatt.	„Du blöde Kuh! Dir leihe ich nie wieder etwas!“	„Das hast du absichtlich gemacht!“	**„Oh Mann, das ärgert mich ganz schön, dass die Titelseite jetzt kaputt ist!“**
2. Du willst dir in der Pause einen Kakao kaufen und wartest in der Schlange. Jemand kommt und drängelt sich vor.	„Du stellst dich gefälligst hinten an!“	**„Ich möchte nicht, dass du dich vordrängelst. Ich warte auch schon ganz schön lange.“**	„Hast du 'ne Meise?! Vordrängeln gibt's nicht!“
3. Du kommst mit einem neuen Haarschnitt in die Schule und wirst ausgelacht.	**„Wenn du mich auslachst, dann tut mir das echt weh.“**	„Siehst ja selbst aus wie ein Affe!“	„Du Idiot! Immer hackst du auf mir rum!“

Die Alternativen, die von den meisten Kindern gewählt werden (hoffentlich die fettgedruckten!), werden auf die eine Seite der Metaplanwand gehängt, die restlichen auf die andere Seite.

Einheit 7: Ich-Botschaften formulieren

Zuruf-Frage:

„Was ist an den Reaktionen, die die meisten von euch ausgesucht haben, besser als an den anderen?"
Der Trainer schreibt die Antworten auf Flipchart mit. Mögliche Antworten könnten sein: Mit „Ich" gesprochen, von Gefühlen geredet, keine Beleidigungen o. Ä.

Input: Ich-Botschaften

Überleitung:

„Es gibt Ich- und Du-Botschaften. Im Streit benutzen Menschen meistens Du-Botschaften. Mit einer ***Du-Botschaft*** *greifst du in der Regel die andere Person, mit der du einen Konflikt hast, an. Wenn du nur Du-Botschaften sendest, machst du nicht deutlich, wie es dir in dem Streit geht und was du denkst und fühlst. Der andere hört nur die Kritik und Schuldzuweisungen. Das führt meistens dazu, dass er sich noch stärker auf seine Position versteift. Es wird immer schwieriger, eine ‚gute' Lösung zu finden.*
Beispiele für Du-Botschaften sind: ‚Du bist doch ein Idiot!', ‚Du hast ja keine Ahnung!', ‚Du kannst ja gar nichts!', ‚Immer machst du so einen Mist!'
Mit einer ***Ich-Botschaft*** *drückst du dagegen deine eigenen Gefühle und Interessen in einem Konflikt aus. Du greifst den anderen nicht an, sondern bleibst bei dir. Ich-Botschaften sind eine deutliche und nicht angreifende Aussage in einem Konflikt und werden dadurch schneller von dem anderen akzeptiert."*

Flipchart

„Ich-Botschaften"

- *Ich bin ...*
  (das eigene Gefühl darstellen)
- *wenn du ...*
  (Verhalten der anderen Person benennen)
- *weil ich dann ...*
  (Auswirkungen auf deine Situation benennen)

Erläutern Sie das Flipchart. Lesen Sie es vor, machen Sie eine beispielhafte Ich-Botschaft im Vergleich zu einer Du-Botschaft und fragen Sie nach, ob noch Unklarheiten bestehen.
„Statt ‚Nie hörst du mir zu!' könnte ich sagen ‚Ich bin enttäuscht, wenn du dir keine Mühe gibst, mich zu verstehen, weil ich mich dann nicht ernst genommen fühle, und ich möchte, dass du mir jetzt mal deine Aufmerksamkeit schenkst.'"
Sagen Sie dazu, dass auch verkürzte Ich-Botschaften zulässig sind. So genügt auch die Benennung des Gefühls und die Angabe des Wunsches an die andere Person. Das eigene Gefühl ist das wichtigste Element der Ich-Botschaft. Die anderen Teile sind eher austauschbar.
Hinweis an die Kinder: *„Es ist manchmal schwierig, Ich-Botschaften im Streit zu formulieren, aber es trägt dazu bei, eine gute Lösung zu finden."*

Einzelarbeit: „Ich-Botschaften formulieren"

Durchführung:

Verteilen Sie die Arbeitsblätter „Ich-Botschaften formulieren". Die Kinder sollen nun in Stillarbeit die Aussagen formulieren. Erläutern Sie die Aufgabe und das Muster der Ich-Botschaften noch einmal. Lesen Sie dazu einmal das gesamte Arbeitsblatt vor. Geben Sie gerne Hilfestellung, wenn Fragen auftauchen. Nach 20 Minuten sollten alle Schüler fertig sein.

Die Auswertung erfolgt in zwei Kleingruppen.
Die Trainer teilen sich auf die Kleingruppen auf.
Die Kinder sollen ihre Einträge vorlesen und miteinander vergleichen.
„Gibt es unterschiedliche Gefühle, die ausgelöst wurden?
Gibt es unterschiedliche Begründungen?
Könnt ihr euch vorstellen, so auch ‚in echt' so zu reagieren?"

Aufnehmen in den Ideenspeicher

- *Ich bin …*
  (das eigene Gefühl darstellen)
- *wenn du …*
  (Verhalten der anderen Person benennen)
- *weil ich dann …*
  (Auswirkungen auf deine Situation benennen)
- *und ich möchte …*
  (Wunsch an die andere Person)

Rollenspiel:

Durchführung:
Sie können auf eines der von den Kindern gemalten Konfliktbilder zurückgreifen und diese Konfliktsituation als Ausgangslage für das Rollenspiel verwenden.

Alternatives Rollenspiel:
Situation: Maike hat sich besonders viel Mühe bei ihren Hausaufgaben gegeben.
Christoph kommt an und malt mit einem Buntstift in Maikes Heft.
Christoph: *„Na, hast du wieder rumgestrebt?!"*
(malt dabei Krickelkrackel in Maikes Heft)
Die Trainer demonstrieren die Szene ein Mal.

Zuruf-Frage:

„Wie fühlt sich Maike jetzt? Warum verhält sich Christoph wohl so?"

Brainstorming:

„Wie könnte Maike reagieren? Denkt daran: Keine Beleidigungen, keine Schläge! Wenn ihr wollt, könnt ihr auch den Ideenspeicher zur Hilfe nehmen. Aber versucht auch, Ich-Botschaften zu formulieren."
Die Ideen werden auf einem Flipchart mitgeschrieben.
Ein Trainer bleibt in der Rolle von Christoph. Die Kinder sollen der Reihe nach die Rolle von Maike übernehmen. Der Beginn ist identisch mit der Ausgangssituation. Der Trainer, der Christoph spielt, soll versuchen, auf Maikes Reaktion einzugehen.

Wenn Ideen angespielt werden, die nicht auf der Liste standen, werden diese anschließend der Liste hinzugefügt.

Auswertungsrunde:

„Ist es euch schwer gefallen, solche Ich-Botschaften zu sagen? Habt ihr einen Unterschied im Vergleich zu Du-Botschaften gemerkt? Was könnte Maike tun, wenn Christoph nicht auf ihren Wunsch (z.B. mit ihr zur Lehrerin zu kommen, sich zu entschuldigen) eingeht? Würdet ihr euch auch ‚in echt' so verhalten? Warum oder warum nicht?"
Jedes Kind erhält wieder einen Klebepunkt und darf ihn hinter die Verhaltensweise kleben, die ihm am meisten liegt.
Der Ideenspeicher wird gegebenenfalls um die am meisten bepunkteten Ideen ergänzt.

ABSCHLUSS: Rucksackwand

„Geht bitte alle zu euren Rucksäcken und schreibt hinein, was für euch in dieser Einheit besonders wichtig war und was ihr persönlich gelernt habt."
Runde: *„Was hast du heute in deinen Rucksack eingepackt?"*

Zusammenfassung und Ausblick:

Ermuntern zum Ausprobieren der gelernten Verhaltensweisen.

Stimmungs-Barometer:

„Wie geht es dir jetzt? Wie hat es dir heute gefallen?" Wenn alle Kinder ihre Positionen eingenommen haben: *„Möchte jemand sagen, warum er gerade an der Stelle des Stimmungs-Barometers steht?"*

Abschied:

„Tschüß! Vielen Dank fürs Mitmachen! Wir freuen uns auf das nächste Mal!"

AB

Arbeitsblatt:

„Ich-Botschaften formulieren“

Eine Ich-Botschaft enthält folgende Informationen:

- *Ich bin …*
  (das eigene Gefühl darstellen)
- *wenn du …*
  (Verhalten der anderen Person benennen)
- *weil ich dann …*
  (Auswirkungen auf deine Situation benennen)
- *und ich möchte …*
  (einen Wunsch an die andere Person formulieren)

Formuliere Ich-Botschaften zu folgenden Situationen:

1. Dein Freund/deine Freundin hat sich 10,- DM von dir geliehen und sie dir nach 2 Wochen trotz mehrfacher Erinnerungen noch nicht zurückgegeben.

Ich bin ______________________________

wenn du ______________________________

weil ich dann ______________________________

und ich möchte ______________________________

2. Du warst gestern mit deiner Freundin/deinem Freund verabredet. Sie/er ist nicht erschienen.

Ich bin ______________________________

wenn du ______________________________

weil ich dann ______________________________

und ich möchte ______________________________

3. Du möchtest gerne bei deinem Freund/deiner Freundin übernachten. Deine Mutter verbietet es dir.

Ich bin ______________________________

wenn du ______________________________

weil ich dann ______________________________

und ich möchte ______________________________

8

Einheit 8: Gut zuhören

Ablauf	Material	Dauer
Beginn	■ Gefühlskärtchen ■ Stab ■ Flipchart: „Ablauf der heutigen Sitzung"	10 Min.
Warming-up	■ Zettel mit Familiennamen für jeden Schüler	10 Min.
Trainer-Demonstration		10 Min.
Input	■ Flipchart: „Gut zuhören – wie geht das?"	5 Min.
Übung		15 Min.
Rollenspiel		30 Min.
Abschluss	■ Rucksackwand ■ ein Seil	10 Min.

BEGINN

1. **Begrüßung**
2. **Stabrunde mit Gefühlskärtchen**

3. **Anknüpfen an die letzte Einheit:**
„Wer von euch hat seit dem letzten Mal einen Streit erlebt, bei dem er sich besser zu helfen wusste? Wer von euch hat seit dem letzten Mal eine Lösung erprobt, die er hier gelernt hat?"

4. **Ablauf der heutigen Sitzung vorstellen**

Warming-up: „Meier gegen Geier"

Idee aus:
E. Welz & U. Dussa :
„Mädchen sind besser – Jungen auch" *(S. 186)*

Durchführung:

Jedes Kind erhält einen Zettel mit einem Familiennamen, z.B. Meier, Geier, Bayer, Dreier, Reiher. Dabei gehören zu jeder Familie drei Familienmitglieder: Oma, Vater, Kind.
Es müssen also bei fünf Familien 15 Zettel vorbereitet werden („Oma Meier", „Vater Meier", „Kind Meier", Oma Geier", „Vater Geier", ...).
Außerdem muss für jede Familie ein Stuhl bereitstehen.

Die Kinder sollen sich nun möglichst schnell, und ohne ihre Zettel den anderen zu zeigen, zu ihrer Familie zusammenfinden.
Dann setzen sie sich in der Reihenfolge: Oma-Vater-Tochter auf einen Stuhl. Die Familie, die zuerst vollständig und in der richtigen Reihenfolge sitzt, hat gewonnen.

Achten Sie darauf, dass bei weniger oder mehr als 15 Kindern entweder die Zahl der Familienmitglieder pro Familie gleichmäßig verändert wird (z.B. noch ein „Baby“ pro Familie dazu) oder einer der Trainer mitspielt.

Trainer-Demonstration: „Gut und schlecht zuhören“

Einleitung:
„Beim Aufwärmspiel habt ihr eben gemerkt, dass es wichtig ist, ganz genau hinzuhören. Darum soll es heute auch gehen. Wir werden euch gleich wieder ein kleines Rollenspiel vorführen. Guckt genau hin, was passiert, und hört genau zu, worum es geht.“

Ein Trainer erzählt von einem Erlebnis aus der vergangenen Woche, über das er sich geärgert hat. Der andere Trainer hört ganz schlecht zu: er schaut weg, gähnt, kramt in der Tasche, unterbricht ständig, schaut auf die Uhr etc. Der Erzähler ist sichtlich verunsichert und fragt irgendwann: *„Sag mal, hörst du mir eigentlich zu?“*

Nach 2 Minuten brechen Sie das Rollenspiel ab, weisen die Gruppe auf diesen Abbruch hin und fangen noch einmal mit demselben Erlebnis von vorn an – mit dem Unterschied, dass der zuhörende Trainer diesmal gut zuhört: Er hält Blickkontakt, nickt, fragt interessiert nach, etc.

Damit die Demonstration gut ankommt, ist es wichtig, dass Sie nicht vor dem Rollenspiel bereits verraten, was passieren wird. Die Kinder sollen es selbst beobachten können.

Auswertungsrunde:

„Habt ihr einen Unterschied bei den beiden Szenen bemerkt? Worin lag der Unterschied? Wie hat sich der Erzähler wohl in den verschiedenen Situationen gefühlt? Wann hat es ihm wohl mehr Spaß gemacht, dem anderen was zu erzählen?“

Brainstorming:

„Euch ist aufgefallen, dass der Trainer einmal schlecht und einmal gut zugehört hat. Wir wollen nun ein Brainstorming durchführen zum Thema: ‚Wie kann man gut oder schlecht zuhören?‘
- *Was habt ihr beobachtet?*
- *Fällt euch sonst noch etwas ein, wie man gut oder schlecht zuhören kann?“*

Sammeln Sie auf zwei getrennten Flipcharts zuerst die Zurufe der Kinder dazu, wie man schlecht, danach die, wie man gut zuhört. Helfen Sie den Kindern durch Nachfragen und Lenken der Aufmerksamkeit auf bestimmte Aspekte. Ein mögliches Ergebnis könnte wie auf S. 154 dargestellt, aussehen.

Flipcharts

gut zuhören:

- nachfragen
- Gesprächspartner anschauen
- Interesse zeigen
- zugewandt sein
- zustimmen, z.B. „Mmmh – ich versteh!"
- freundlich sein
- lächeln
- Gefühle benennen

schlecht zuhören:

- andere Sachen nebenbei machen
- Gesprächspartner nicht anschauen
- auf die Uhr gucken
- unterbrechen
- abwiegeln
- sich über den anderen lustig machen

Input: Gut zuhören – wie geht das?

Durchführung:

Lesen Sie das Flipchart: „Gut zuhören – wie geht das?" vor und ergänzen es in etwa mit folgenden Worten: *„Wer gut zuhört, signalisiert seinem Gegenüber damit, dass er seinen Standpunkt, seine Interessen oder Gefühle versteht. Er muss aber auf keinen Fall denselben Standpunkt oder dieselben Gefühle haben. Deswegen ist es wichtig, in eigenen Worten wiederzugeben, was man verstanden hat.*

Wenn dabei besonders die Gefühle des Partners benannt werden, kann dieser sich noch besser verstanden fühlen. Gut zuhören bedeutet außerdem, Blickkontakt zu halten, Interesse zu zeigen und nachzufragen, ob man den anderen richtig verstanden hat.

Die eigene Meinung sagt man, wenn überhaupt, erst im Anschluss an das gute Zuhören.

Gut zuhören bedeutet nicht nachäffen!"

„Gut zuhören – wie geht das?"

- „Habe ich dich richtig verstanden …?"
- „… und du fühlst dich …?"
- in eigenen Worten kurz zusammenfassen
- den anderen angucken
- freundlich sein
- Interesse zeigen (z.B. durch nicken, „Mmmh")
- „Stimmt das so …"
- eigene Meinung zunächst zurückhalten

Flipcharts

Übung: „Zickzack-Dialog“

Idee aus:
E. Welz & Dussa:
„Mädchen sind besser – Jungen auch“ *(S. 196)*

Ü Durchführung:

Leiten Sie die Übung mit den folgenden Worten ein:
„Wir wollen mal gucken, ob ihr auch gut zuhören könnt. Dazu spielen wir mit euch zusammen gleich ein Spiel, bei dem ihr unter Beweis stellen könnt, ob ihr tatsächlich gute Zuhörer seid.“
Ziel dieser Übung ist, dass jeder einmal gut zuhören muss und anschließend erfährt, wie es ist, wenn ihm selbst gut zugehört wird.
Dafür setzen sich alle Schüler in zwei Stuhlreihen einander gegenüber. Vorne sitzen die beiden Trainer und beginnen die Übung.

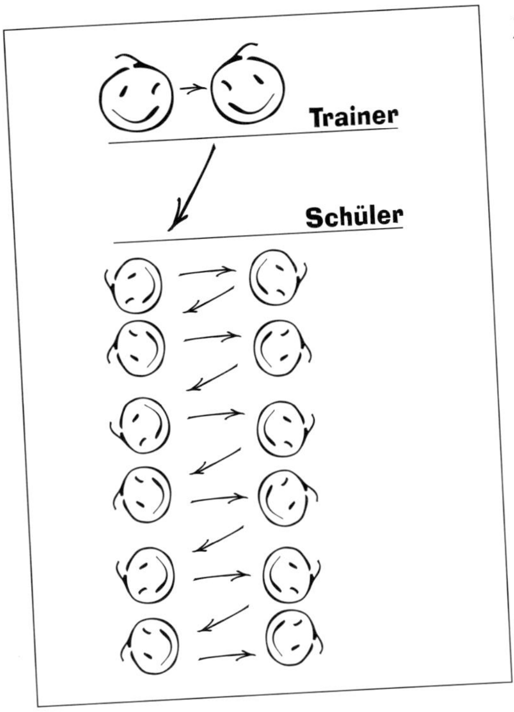

Zu einem vorgegebenen Thema (z.B. „Damit kann man mich auf die Palme bringen …“) gibt der erste Trainer ein kurzes Statement mit einer Begründung, z.B. *„Ich werde richtig sauer, wenn meine Schwester morgens so lange das Bad blockiert. Dann muss ich immer so hetzen und habe nur wenig Zeit zum Frühstücken.“*
Der zweite Trainer hat „gut zugehört“ und gibt nun den Inhalt des Gesagten wieder (das muss nicht wortwörtlich sein), z.B.: *„Habe ich dich richtig verstanden? Du ärgerst dich, wenn das Bad erst spät frei wird, weil du dann morgens schon Stress hast.“*
Der Trainer bestätigt oder korrigiert.
Dann fügt der zweite Trainer sein Statement hinzu, z.B.: *„Mich macht es rasend, wenn ich im Restaurant schön essen gehen möchte und das Essen kalt serviert wird. Immerhin bezahle ich dafür viel Geld.“*
Nun fasst das erste Kind zusammen, indem es beispielsweise sagt: *„Habe ich Sie richtig verstanden: Sie werden also wütend, wenn Sie im Lokal kaltes Essen serviert bekommen, weil Sie nicht einsehen, dass Sie dafür so viel ausgeben müssen.“*
Der Trainer bestätigt oder korrigiert.
Im Zickzack geht es nach diesem Schema weiter. Helfen Sie den Kindern, falls nötig, beim Formulieren, loben Sie aber auch „nicht-perfekte“ Formulierungen. Die Kinder üben ja erst.

Auswertungsrunde:

„Fiel es dir schwer, gut zuzuhören? Warum? Was war schwierig beim Zuhören?“

Aufnehmen in den Ideenspeicher

„Habe ich dich richtig verstanden, …? Du meinst also, dass …“

„Du fühlst dich also …?“

Einheit 8: Gut zuhören

Rollenspiel:

Durchführung:

Sie können auf eines der Konfliktbilder zurückgreifen und diese Konfliktsituation als Ausgangslage für das Rollenspiel verwenden. Geeignet ist ein Konflikt, in dem es möglich ist, das gute Zuhören zu üben.

Alternatives Rollenspiel:

Situation: Anja und Petra hatten sich für gestern Nachmittag zum Eisessen verabredet. Anja war pünktlich in der Eisdiele. Petra kam nicht. Am nächsten Tag sehen sich die beiden in der Schule.

Anja: (vorwurfsvoll) *„Wo warst du denn gestern?"*
Petra: *„Ich war mit Melli im Schwimmbad."*
Anja: *„Aber wir waren doch verabredet! Ich hab 20 Minuten in der Eisdiele auf dich gewartet!"*
Petra: *„Jetzt stell dich mal nicht so an!"*

Zuruf-Frage:

„Wie fühlt sich Anja in der Situation wahrscheinlich?"

Die Kinder tun sich nun zu dritt zusammen und denken sich ein faires Ende aus. Ihre Idee sollen sie für sich auf einem Blatt Papier notieren. So stellen Sie sicher, dass sich alle Kinder eine Geschichte ausdenken. Dabei müssen sie sich einigen, wer die beiden Rollen übernimmt. Ermuntern Sie sie, das gute Zuhören auszuprobieren. Natürlich können sie aber auch andere Ideen aus dem Ideenspeicher verwenden. Alles außer groben Beleidigungen und Schlägen ist erlaubt. Gehen Sie während der Kleingruppenarbeit zu den Kindern und unterstützen Sie sie.
Nach ca. 10 Minuten spielen die Kinder zunächst noch einmal die oben beschriebene Szene und dann ihre Lösungen nacheinander vor. Wird es zu langwierig, lassen Sie nur noch neue Lösungen vorspielen. *(„Hat noch jemand was ganz anderes?").* Schreiben Sie die Ideen auf Metaplan mit.

Auswertungsrunde:

„Würdet ihr euch ‚in echt' auch so verhalten? Warum, warum nicht? Waren alle Lösungen eurer Meinung nach fair?"

ABSCHLUSS: Rucksackwand

„Geht bitte alle zu euren Rucksäcken und schreibt hinein, was für euch in dieser Einheit besonders wichtig war und was ihr persönlich gelernt habt."

Auswertungsrunde:

„Was hast du heute in deinen Rucksack eingepackt?"

Zusammenfassung und Ausblick:

Ermuntern zum Ausprobieren der neu gelernten Kompetenzen.

© Verlag an der Ruhr
Postfach 10 22 51
45422 Mülheim an der Ruhr
www.verlagruhr.de

Stimmungs-Barometer:

„Wie geht es dir jetzt? Wie hat es dir heute gefallen?"
Wenn alle Kinder ihre Positionen eingenommen haben:
„Möchte jemand sagen, warum er gerade an dieser Stelle des Stimmungs-Barometers steht?"

Abschied:

„Tschüß! Vielen Dank fürs Mitmachen! Wir freuen uns auf das nächste Mal!"

9

Einheit 9: Sich selbst behaupten

Ablauf	Material	Dauer
Beginn	■ Gefühlskärtchen ■ Stab ■ Flipchart: „Ablauf der heutigen Sitzung“	10 Min.
Warming-up	■ Kommando-Kärtchen (siehe Bsp. S. 159 und Kopiervorlage S. 163)	10 Min.
Input	■ zwei Flipcharts: „Sich selbst behaupten“	10 Min.
Übung	■ Flipchart: „Standpunkt formulieren“	10 Min.
Rollenspiel	■ eine Mütze	40 Min.
Abschluss	■ Rucksackwand ■ ein Seil	10 Min.

BEGINN

1. **Begrüßung**
2. **Stabrunde mit Gefühlskärtchen**
3. **Anknüpfen an die letzte Einheit**
„Wer von euch hat seit dem letzten Mal einen Streit erlebt, bei dem er sich besser zu helfen wusste? Wer von euch hat seit dem letzten Mal eine Lösung erprobt, die er hier gelernt hat?“
4. **Ablauf der heutigen Sitzung vorstellen**

Warming-up: „Laute Mauer“

*Idee aus: E. Welz & U. Dussa: **„Mädchen sind besser – Jungen auch“** (S. 123)*

Durchführung:

Es werden durch Abzählen (A, B, C) drei Kleingruppen gebildet. Die Kinder stellen sich in drei Reihen (A, B, C) in einem großen Raum auf. Der Gruppe A wird vom Trainer ein Kommando auf einer Karte gezeigt, z.B. „linken Arm heben“, das sie der Gruppe C zurufen muss. Dabei dürfen die A-Schüler nichts vormachen. In der Mitte steht die Gruppe B, die durch lautes Schreien verhindern soll, dass die Gruppe C das Kommando versteht. Wichtig ist, dass die Gruppe B anfängt, laut zu sein.
Das Spiel ist zu Ende, wenn Gruppe C das Kommando verstanden und ausgeführt hat.
Dann rücken alle Gruppen eine Position auf. Ein neues Kommando wird ausgewählt, z.B. „auf einem Bein hüpfen“. Das Spiel beginnt von neuem. Jeder soll einmal Mitglied von Gruppe A, B und C gewesen sein.

© Verlag an der Ruhr
Postfach 10 22 51
45422 Mülheim an der Ruhr
www.verlagruhr.de

Kommando-Kärtchen können so aussehen (weitere Kommando-Kärtchen siehe S. 163):

auf einem Bein hüpfen und Augen schließen

in die Hände klatschen und laut lachen

hinsetzen und winken

Input: Sich selbst behaupten

Durchführung:

Erklären Sie den Schülern den Hintergrund mit folgenden Worten: *„In manchen Situationen müssen wir sehr bestimmt auftreten, um nicht übergangen oder ausgenutzt zu werden. Einige Menschen können das sehr gut, andere werden sehr schnell aggressiv oder ziehen sich zurück. Deshalb üben wir heute selbstsicheres Auftreten. Sehr wichtig sind dabei auch die Ich-Botschaften, die wir beim vorletzten Mal geübt haben. Außerdem müssen wir auch auf die Körpersprache achten. Wenn ihr ernsthaft ‚NEIN' sagen wollt, dann müsst ihr das auch durch euren Gesichtsausdruck und eure Körperhaltung unterstreichen, z.B. ernst gucken, aufrecht stehen."*

Erläutern Sie die beiden Flipcharts zum Thema der heutigen Einheit. Lesen Sie sie vor und geben Sie Raum für Nachfragen bzw. Ergänzungen der Listen durch die Schüler.

Sich selbst behaupten durch Sprache

- deutlich und laut sprechen
- Gegenüber möglichst mit Namen ansprechen
- in einem Satz sagen, was du willst
- evtl. den Grund dafür angeben
- den eigenen Standpunkt wiederholen – wenn nötig, immer wieder

Sich selbst behaupten durch Körpersprache

- Blickkontakt
- passender Gesichtsausdruck
- aufrechte Körperhaltung
- zugewandt
- möglichst entspannt
- ca. eine Armlänge Abstand zum Gegenüber

Flipcharts

Übung: „Ja-/Nein-Spiel“

Durchführung:

Erklären Sie die Übung mit den folgenden Worten:

„Ihr kennt das sicher aus vielen Situationen, dass euch jemand gar nicht so richtig ernst nimmt, besonders, wenn ihr zu etwas ‚nein‘ sagt. Wir wollen damit mal ein wenig spielen und etwas ausprobieren.“

*Idee aus: E. Welz & U. Dussa: **„Mädchen sind besser – Jungen auch“** (S. 119)*

Die Trainer demonstrieren die Situation:

Sie stellen sich einander gegenüber auf. Ein Trainer sagt nur „ja“, der andere Trainer sagt nur „nein“. Sie variieren dabei Tonlage, Körperausdruck, Lautstärke usw.

Anleitung:

„Kommt bitte paarweise zusammen und stellt euch in zwei Reihen einander gegenüber auf. Ihr sollt nun ausprobieren, was wir euch gerade vorgemacht haben. Die eine Seite darf nur ‚ja‘ sagen. Die andere Seite darf nur ‚nein‘ sagen. Nach einer Minute wird gewechselt.“

Auswertungsrunde:

„Wie habt ihr das Ja-/Nein-Spiel erlebt? Was war schwierig? Was fiel euch leicht?“

Rollenspiel:

Überleitung:

„Im Rollenspiel wollen wir gleich üben, wie man seine Meinung klar und deutlich vertreten kann. Dazu hier noch eine Hilfe, wie ihr eindeutig sagen könnt, was ihr wirklich wollt. Zum Beispiel, wenn eine Freundin sich mit dir verabreden will, du aber keine Lust hast. Dann könntest du nach dem folgenden Ablauf vorgehen:“

Lesen Sie das Flipchart zum Thema vor (siehe nächste Seite), geben Sie dazu das folgende Beispiel und fragen Sie anschließend nach Unklarheiten.

- ***Standpunkt formulieren:***
  „Nein, ich möchte mich heute nicht mit dir treffen, …“
- ***Grund nennen:***
  „… weil ich heute lieber einmal zu Hause bleiben will.“
- ***evtl. Standpunkt wiederholen:***
  „Und darum möchte ich mich heute nicht verabreden.“

Aufnehmen in den Ideenspeicher

„Nein, ich möchte nicht …,
weil …
und darum möchte ich
(nicht) …“

Den eigenen Standpunkt formulieren

- **Nein, ich möchte nicht …**
  (Standpunkt formulieren)
- **weil …**
  (Grund nennen)
- **und darum möchte ich (nicht) …**
  (evtl. Standpunkt wiederholen)

Flipchart

Sie können auf ein Konfliktbild zurückgreifen und die Konfliktsituation daraus als Ausgangslage für das Rollenspiel verwenden. Wählen Sie möglichst eine Situation, in der eine Person eindeutig im Recht ist.

Alternatives Rollenspiel:
Situation: Draußen ist es kalt. Tommy hat eine Mütze auf. Dann kommt Tobi und nimmt sie ihm weg.

Brainstorming:

„Wie kann Tommy erreichen, dass Tobi ihm seine Mütze zurückgibt? Wie könnte es weitergehen? Denkt daran: Keine Beleidigungen, keine Schläge! Wenn ihr wollt, könnt ihr auch den Ideenspeicher zur Hilfe nehmen."
Die Ideen werden auf einem Flipchart mitgeschrieben.
„Nun tut euch bitte zu zweit zusammen und spielt mal eine der Ideen, die wir gerade gesammelt haben, durch. Anschließend stellen wir uns gegenseitig unsere eingeübten Szenen vor."
Loben Sie die Kinder auf jeden Fall für ihre Darstellungen und Lösungsmöglichkeiten.
Wenn Ideen angespielt werden, die nicht auf der Liste standen, werden diese anschließend der Liste hinzugefügt.
Wenn die Kinder überwiegend sehr simple Lösungen vorspielen, kann ein Trainer auch erneut einen „ganz gemeinen" Tobi spielen, der die Mütze nicht gleich herausrückt.
Leiten Sie diesen zweiten Versuch mit den folgenden Worten ein:
„Wer hat Lust, nochmal gegen einen ganz fiesen Tobi anzutreten und sich selbst zu behaupten?"
Der Trainer (als Tobi) lässt den Schüler (Tommy) dieses Mal mehrfach seinen Standpunkt wiederholen, gibt ihm die Mütze aber schließlich doch zurück.

Auswertungsrunde:

„War es leicht oder schwer, sich als Tommy selbst zu behaupten und die Mütze wiederzukriegen? Was war daran nicht so einfach?"
Flipchart: „Den eigenen Standpunkt formulieren"

ABSCHLUSS: Rucksackwand

„Geht bitte alle zu euren Rucksäcken und schreibt hinein, was für euch in dieser Einheit besonders wichtig war und was ihr persönlich gelernt habt."

Auswertungsrunde:

„Was hast du heute in deinen Rucksack eingepackt?"

Zusammenfassung und Ausblick:

Ermuntern zum Ausprobieren der gelernten Kompetenzen.

Stimmungs-Barometer

„Wie geht es dir jetzt? Wie hat es dir heute gefallen?"
Wenn alle Kinder ihre Positionen eingenommen haben: *„Möchte jemand sagen, warum er gerade an dieser Stelle auf dem Stimmungs-Barometer steht?"*

Abschied:

„Tschüß! Vielen Dank fürs Mitmachen!
Wir freuen uns auf unser nächstes Mal!"

Kommando-Kärtchen

mit erhobenen Händen im Kreis drehen	ein Knie anwinkeln und Hände in die Hüften stemmen	auf einem Bein hüpfen und die Ohren zuhalten
über Kreuz die Augen zuhalten und laut summen	Hände in die Hosentaschen stecken und laut pfeifen	abwechselnd den linken und den rechten Arm heben
Kniebeugen machen und laut lachen	Arme kreisen lassen und Mund aufmachen	auf einem Bein stehen und am Kopf kratzen
rechte Hand an das linke Ohr, linke Hand an das rechte Ohr halten und hüpfen	in die Hocke gehen und mit einer Hand den Mund zuhalten	Zunge rausstrecken, Augen weit aufreißen und Hände in die Hüften stemmen

Einheit 10: Konflikte fair lösen

Ablauf	Material	Dauer
Beginn	■ Gefühlskärtchen ■ Stab ■ Flipchart: „Ablauf der heutigen Sitzung"	10 Min.
Warming-up	■ „Smarties"	15 Min.
Input	■ Folie: „Paddelboot" (siehe. Einheit 2)	15 Min.
Rollenspiel		40 Min.
Abschluss	■ Rucksackwand ■ ein Seil	10 Min.

BEGINN

1. **Begrüßung**
2. **Stabrunde mit Gefühlskärtchen**
3. **Anknüpfen an die letzte Einheit:**
„Wer von euch hat seit dem letzten Mal einen Streit erlebt, bei dem er sich besser zu helfen wusste? Wer von euch hat seit dem letzten Mal eine Lösung erprobt, die er hier gelernt hat?"
4. **Ablauf der heutigen Sitzung vorstellen**

Warming-up: „Armdrücken"

Idee aus: J. Walker: ***„Gewaltfreier Umgang mit Konflikten in der Sekundarstufe I"*** (S. 108)

Durchführung:

Sinn dieses Spieles ist es, dass die Kinder selbst erfahren, dass es oftmals besser ist, am selben Strang zu ziehen, anstatt miteinander zu konkurrieren.
Die Kinder schließen sich zu Paaren zusammen und setzen sich einander gegenüber an einen Tisch. Sie sollen ihre rechten Ellenbogen auf den Tisch aufstützen und sich jeweils mit der rechten Hand festhalten.

Geben Sie nun folgende Regeln bekannt:

1. *„Ihr dürft euch während des Spiels nicht unterhalten."*
2. *„Für jedes Mal, wenn die Handfläche deines Partners die Tischfläche berührt, bekommst du nachher einen Smartie."*
3. *„Ihr müsst selbst zählen, wie viele Smarties jeder zum Schluss bekommt."*

Geben Sie das Startzeichen, und unterbrechen Sie den Wettkampf nach zwei Minuten.

Zuruf-Frage:

„Wie lauft es? Wie viele Smarties habt ihr euch schon verdient?"

Auswertungsrunde (die Kinder bleiben noch an den Tischen sitzen):
„Bevor wir die Smarties an euch verteilen, habe ich noch eine Frage: Haben alle Partner gegeneinander gekämpft? Kann man das Spiel auch spielen, ohne gegeneinander zu arbeiten?"
„Tatsächlich haben wir euch mit dem Spiel ein bisschen reingelegt. Ihr solltet nur merken, dass es oft gut sein kann, wenn man zusammen statt gegeneinander arbeitet. Wenn beide zusammenarbeiten und abwechselnd die Hand des Partners auf den Tisch drücken, bekommen auch beide viele Smarties."

Nach dieser Erklärung dürfen die Kinder noch einmal kurz spielen, dieses Mal jedoch auf kooperative Art und Weise. Verteilen Sie nun an alle gleich viele Smarties mit der Bemerkung: *„Wir hoffen, dass eine gerechte Verteilung auch die gerecht finden, die vorhin eigentlich mehr als die anderen bekommen hätten."*

Input: Konflikte fair lösen

Legen Sie die Folie mit dem Paddelboot auf (siehe S. 122).

Zuruf-Frage:
„Ihr erinnert euch vielleicht an dieses Bild mit den streitenden Kindern. Wisst ihr noch, was die Geschichte der paddelnden Kinder uns sagen sollte?"
Lassen Sie den Kindern ein wenig Zeit, ihre Einfälle zu nennen.

Erklärung:
„Es gibt immer mehrere Möglichkeiten, wie ein Streit ausgehen kann. Entweder geht der Streit für beide gut aus, d.h. beide stehen am Ende gut da wie hier die beiden Kinder. Oder einer ‚besiegt' den anderen. Das wäre der Fall, wenn z.B. eines der Kinder so lange paddelt, bis das andere aufgibt.
Oder beide haben einen Nachteil von dem Streit. In diesem Fall beispielsweise, wenn die Kinder so lange hin- und herpaddeln, bis beide erschöpft aufgeben und keiner ein Eis bekommt oder schaukeln kann.
Die beste Lösung ist natürlich, wenn beide etwas von dem Streit haben.
Ihr habt bei unseren letzten Treffen immer mehr Möglichkeiten kennen gelernt, wie ihr euch in Konflikten verhalten könnt, so dass die beiden Streitenden fair auseinander gehen können."

Brainstorming:

Ermuntern Sie die Kinder dazu, mal zu überlegen, was sie schon alles können. Sie können dabei auch auf den Ideenspeicher schauen! Sammeln Sie die Antworten der Kinder auf einem Flipchart. Dieses sollte

„Was ich kann ...“

- mich selbst beruhigen
- meine Gefühle ausdrücken
- meine Gefühle begründen
- meine Interessen und Wünsche sagen
- mich selbst behaupten
- nein sagen
- bei dem anderen Gefühle erkennen
- den anderen nach Gründen für sein Verhalten fragen

Flipchart

anschließend in etwa so aussehen wie die Abbildung links: „Was ich kann ...“. Wichtig ist, dass konkrete Verhaltensweisen genannt werden (z.B. „nein sagen“ statt „Verhalten bei Grenzüberschreitungen“).

Ergänzen Sie fehlende Fertigkeiten.

Rollenspiel:

Durchführung:

Die Kinder schließen sich zu dritt oder viert zusammen und überlegen sich Konfliktsituationen, die sie anschließend vor den anderen vorspielen möchten.

Erklären Sie den Kindern dazu:

„Ihr sollt euch eine Situation überlegen, in der ihr fair streitet, d.h. nicht einer als Verlierer und der andere als Sieger, sondern beide sozusagen ‚erhobenen Hauptes‘ daraus hervorgehen.

Ihr könnt euch entweder einen ganz neuen Konflikt ausdenken, den ihr selbst erlebt habt, oder eine Situation nehmen, die einer von euch als Konfliktbild gemalt hat.

Schaut beim Einüben nochmals auf die Liste ‚Was ich kann‘ und auf den Ideenspeicher und probiert möglichst viele Sachen aus!“

Die Trainer gehen währenddessen herum und beantworten Fragen, helfen usw. Nach ca. 5 Minuten sollten sich die Kinder auf eine Ausgangssituation geeinigt haben. Dann haben sie 10 Minuten Zeit, sich zu überlegen, wie ihr Rollenspiel ablaufen soll.

Alternative Streitsituationen für das Rollenspiel:

- Benni nimmt Julia die Federtasche weg. Julia will sie wiederhaben.
- Petra hat Birgit ein Geheimnis anvertraut. Am nächsten Tag kriegt Petra mit, dass Birgit das Geheimnis weitererzählt hat. Petra ist enttäuscht und will sich mit Birgit darüber unterhalten.
- Philip malt immer Herzen an die Tafel und schreibt rein: „Björn + Sabine“. Björn ist genervt und möchte, dass Philip damit aufhört.

- *Susanne hat Jens auf dem Flur doll geschubst. Jens ist hingefallen und hat sich wehgetan. Jens möchte, dass Susanne sich bei ihm entschuldigt.*

Die Kinder spielen nacheinander ihre Rollenspiele vor. Die Zuschauer würdigen die Darstellung und applaudieren.

Auswertungsrunde nach jedem Rollenspiel:

„Welche Fertigkeiten wurden angewandt? Fandet ihr die Lösungen fair? Was hätte man noch machen können?" Die Alternativen können noch einmal angespielt werden.

ABSCHLUSS: Rucksackwand

„Geht bitte alle zu euren Rucksäcken und schreibt hinein, was für euch in dieser Einheit besonders wichtig war und was ihr persönlich gelernt habt."

Auswertungsrunde:

„Was hast du heute in deinen Rucksack eingepackt?"

Zusammenfassung und Ausblick:

Ermuntern zum Ausprobieren der neuen Kompetenzen.

Stimmungs-Barometer:

„Wie geht es dir jetzt? Wie hat es dir heute gefallen?"
Wenn alle Kinder ihre Positionen eingenommen haben: *„Möchte jemand sagen, warum er diese Position auf den Stimmungs-Barometer gewählt hat?"*

Abschied:

„Tschüß! Vielen Dank fürs Mitmachen! Wir freuen uns auf das nächste Mal mit euch! Und denkt daran: Nächstes Mal ist unser letztes gemeinsames Treffen."

Einheit 11: Abschluss und Feedback

Ablauf	Material	Dauer
Beginn	■ Gefühlskärtchen ■ Stab ■ Flipchart: „Ablauf der heutigen Sitzung“	10 Min.
Warming-up	■ ein Tischtennisball ■ Kreide	10 Min.
Input	■ zwei Flipcharts: „Feedback-Regeln“	10 Min.
Übung		20 Min.
Trainings-Feedback	■ Feedback-Bogen für jeden Teilnehmer	20 Min.
Abschluss	■ Urkunde für jeden Teilnehmer ■ Rucksackwand ■ ein Seil ■ evtl. Saft und Kekse	20 Min.

BEGINN

1. **Begrüßung**
2. **Stabrunde mit Gefühlskärtchen**
3. **Einstimmen auf das heutige letzte Mal**
4. **Ablauf der heutigen Sitzung vorstellen**

Warming-up: „Ballpusten“

Durchführung:

Es bilden sich 2 gleich große Gruppen. Mit Kreppband wird eine Mittellinie auf einen Tisch geklebt. Die Mannschaften stellen sich jeweils um ihre Tischhälfte herum. Keiner darf den Tisch berühren.

In der Mitte des Tisches liegt ein Tischtennisball. Durch Pusten versuchen die beiden Teams nun, in der gegnerischen Hälfte den Ball über die Tischkante zu pusten.

Als Tor zählt also der gesamte Seitenrand. Ende des Spiels ist, wenn eine Mannschaft fünf Tore hat.

Input: Feedback

Durchführung:

Erklären Sie den Hintergrund mit den folgenden Worten:

„Feedback ist die Mitteilung von anderen an uns, wie sie unser Verhalten wahrnehmen. Ob Feedback hilfreich ist oder eher schadet, hängt davon ab, wie man es ausdrückt. Viele hören häufig Feedback nur in einer Form, die als verletzend oder strafend erlebt wird, z.B. ‚Das hättest du wirklich besser machen können! Nie machst du etwas richtig!‘“

„Wir wollen heute üben, wie man jemanden loben kann und wie man auch selbst Kritik annehmen kann.“

Erläutern Sie zunächst die Flipcharts. Lesen Sie sie vor und geben Sie Raum für Nachfragen.

Regeln für den Feedback-Geber

- Beginne immer mit „Ich“.
- Sprich ein bestimmtes Verhalten an (keine Verallgemeinerungen).
- Sage immer auch etwas Positives.
- Sag es so, wie du es selbst auch annehmen könntest.

Regeln für den Feedback-Empfänger

Feedback ist wie ein Geschenk!

- Frage nach, wenn du etwas nicht verstehst.
- Rechtfertige dich nicht.
- Sage stop, wenn es dir reicht.
- Bedanke dich beim Feedback-Geber.

Flipcharts

Übung: Positives Feedback geben und annehmen

Ü Durchführung:

Erklären Sie den Schülern das Ziel der heutigen Einheit mit den folgenden Worten:

„Wir wollen nun üben, positive Rückmeldungen zu geben und auch zu bekommen. Uns wird oft genug gesagt, wenn wir etwas nicht so gut gemacht haben. Jetzt versuchen wir mal, den anderen etwas Nettes zu sagen und lassen uns selbst auch einmal loben.“

Die Kinder sitzen sich in zwei konzentrischen, einander zugewandten Stuhlkreisen paarweise gegenüber. Die jeweiligen Partner aus dem Innen- und Außenkreis schauen einander in Ruhe einen Moment lang an. Jeder Teilnehmer aus dem Außenkreis beginnt, indem er seinem Partner im Innenkreis je eine Sache nennt, die ihm an dem anderen gefällt.

Der Satz sollte so anfangen: *„Ich mag an dir …“*, z.B. *„Ich mag an dir, dass du so hilfsbereit bist. Du hast mir immer einen Stift geliehen, wenn ich ihn vergessen habe. Das gefällt mir an dir.“*

Nun geben die Kinder aus dem Innenkreis ihrem Gegenüber ein positives Feedback.

Achten Sie bei der Übung sehr darauf, dass wirklich nur positive Rückmeldungen gegeben werden, damit sich keines der Kinder verletzt fühlt.

Idee aus: K. Faller, W. Kerntke & M. Wackmann: ***„Konflikte selber lösen“*** *(S. 89)*

Einheit 11: Abschluss und Feedback

Wenn alle Paare ein Lob empfangen haben, rücken die Kinder im Innenkreis einen Stuhl weiter nach rechts. In der neuen Konstellation geben sich die Kinder wieder eine positive Rückmeldung.
Das Verfahren wird wiederholt, bis der innere Kreis einmal ganz herumgegangen ist.

Auswertungsrunde:

„Wie schwierig war es, Feedback zu geben? War es schwierig, es anzunehmen?"

Trainings-Feedback:

Durchführung:

Erklären Sie den Schülern Ihr Vorhaben:
„Auch für uns ist es wichtig, von euch eine Rückmeldung zum Fair-Streiten-Training zu bekommen. Wir möchten wissen, was euch gefallen hat und was ihr schlecht fandet. Gerade das zu erfahren, was euch nicht so gut gefallen hat, hilft uns am meisten, weil wir dadurch das Training noch verbessern können. Wir haben Feedback-Bögen vorbereitet und möchten euch bitten, diese auszufüllen. Dafür habt ihr 15 Minuten Zeit."
Jedes Kind füllt einen Seminar-Feedback-Bogen aus und gibt ihn anschließend ab.

Auswertungsrunde:

„Jetzt hat jeder für sich überlegt, wie er das Training fand. Wer mag, kann jetzt hier im Kreis noch einmal sagen, was er besonders gut oder besonders doof fand. Vielleicht gibt es auch sonst noch Dinge, die ihr loswerden wollt?"

ABSCHLUSS:

Zusammenfassung des Trainings. Die Trainer können an dieser Stelle natürlich auch sagen, was ihnen am Training besonders gefallen hat und was nicht.

Die Urkunden werden verteilt. Die Trainer danken den Teilnehmern für die engagierte Teilnahme am Training.

Stimmungs-Barometer:

Ein letztes Mal Stimmungs-Barometer:
„Wie geht es dir jetzt? Wie hat es dir heute gefallen?"
Wenn alle Kinder ihre Positionen eingenommen haben: *„Möchte jemand sagen, warum er diese Position auf dem Stimmungs-Barometer eingenommen hat?"*

Rucksackwand:

Jedes Kind kann seinen Rucksack als Andenken mitnehmen.

Ein gemütliches Beisammensein mit Saft und Keksen kann das Training beschließen.

Urkunde

____

hat vom __________ bis zum __________

erfolgreich am

Fair-Streiten-Training

teilgenommen.

Folgende Inhalte wurden dabei vermittelt:

- Verhalten in Konflikten
- Selbstbeherrschung
- Gefühle erkennen und ausdrücken
- Positionen und Interessen unterscheiden
- Ich-Botschaften formulieren
- Aktives Zuhören
- Selbstbehauptung
- Feedback

____________________ ____________________

Die Ausbilder

Stempel der Schule

Feedback-Bogen

Du bist jetzt Experte für das Fair-Streiten-Training.
Deswegen interessiert uns deine Meinung sehr.
Bitte beantworte uns die Fragen so ehrlich wie möglich,
damit wir das Training so gut wie möglich verbessern können.
Vielen Dank!!

1. Bitte kreuze an, was wir auf jeden Fall wieder so machen sollen, wenn wir das Training in einer anderen Klasse noch einmal durchführen.

- ☐ Blitzlichtrunde mit Gefühlskarten
- ☐ Aufwärmspiele *(z.B. Geburtstagskette, Pinguine und Flamingos, Meier gegen Geier)*
- ☐ Rollenspiele
- ☐ Vorführen der Rollenspiele durch die Trainer
- ☐ Konfliktbilder malen
- ☐ Rucksackwand
- ☐ Stimmungs-Barometer
- ☐ Erklärungen zu den einzelnen Themen *(z.B. Brainstorming, Ich-Botschaften, Gut zuhören)*
- ☐ Ideenspeicher
- ☐ Gesprächsrunden
- ☐ Übungen *(z.B. Ja-/Nein-Spiel, Rück(en)meldungen, Gut zuhören)*

2. Hier kannst du 2 bis 3 Sachen aufschreiben, die du blöd fandest:

____

____

____

____

____

3. Stell dir vor, das Fair-Streiten-Training hätte nachmittags stattgefunden. Wärst du dann auch freiwillig gekommen?

- ☐ Ja.
- ☐ Nein.

4. Was hast du „in echt" ausprobiert? Kreuze in jeder Zeile die Antwort an, die für dich stimmt.

mich selbst beruhigt *(„Ruhig bleiben!", „Durchatmen!")*	☐ probiert	☐ nicht probiert	☐ kenne ich nicht
meine Gefühle genannt	☐ probiert	☐ nicht probiert	☐ kenne ich nicht
meine Gefühle begründet	☐ probiert	☐ nicht probiert	☐ kenne ich nicht
meine Interessen und Wünsche gesagt	☐ probiert	☐ nicht probiert	☐ kenne ich nicht
mich selbst behauptet	☐ probiert	☐ nicht probiert	☐ kenne ich nicht
gesagt, wenn mich etwas stört	☐ probiert	☐ nicht probiert	☐ kenne ich nicht
den anderen nach Gründen für sein Verhalten gefragt	☐ probiert	☐ nicht probiert	☐ kenne ich nicht
gut zugehört	☐ probiert	☐ nicht probiert	☐ kenne ich nicht

5. Sag mal ganz ehrlich: Welche Note würdest du dir jetzt in fairem Streiten (ohne Beleidigen und Schlagen) geben? Kreuze die Note an.

1 ☐ **2** ☐ **3** ☐ **4** ☐ **5** ☐ **6** ☐

6. Wie war das früher, vor dem Fair-Streiten-Training: Welche Note in fairem Streiten hättest du dir da gegeben?

1 ☐ **2** ☐ **3** ☐ **4** ☐ **5** ☐ **6** ☐

7. Welche Note gibst du dem Fair-Streiten-Training?

1 ☐ **2** ☐ **3** ☐ **4** ☐ **5** ☐ **6** ☐

8. Welche Note gibst du den beiden Fair-Streiten-Trainern?

1 ☐ **2** ☐ **3** ☐ **4** ☐ **5** ☐ **6** ☐

Vielen Dank für deine Mitarbeit.
Wir hoffen, dir hat es auch Spaß gemacht!!

Was Sie als Trainer beachten sollten

Auf den folgenden zwei Seiten erhalten Sie noch einige allgemeine Tipps, die Ihnen in Ihrem Trainer-Dasein helfen können:

Laut und langsam sprechen

Die Gruppe kann Ihnen besser folgen, wenn Sie ihr die Zeit geben, über das, was Sie sagen, nachzudenken. Sprechen Sie deshalb möglichst deutlich und machen Sie lieber eine Pause mehr als zu wenig.

Absprachen zwischen den Trainern treffen

Wenn Sie ein Trainer-Tandem bilden, dann ist es wichtig, dass Sie vorher den Ablauf durchgehen und gemeinsam überlegen, wer an welcher Stelle was macht. Die Aufteilung ist deshalb gut, weil sich dann einer verantwortlich für (s)einen Teil fühlt und dort auch der Ansprechpartner für die Gruppe ist. Der andere Trainer hat in dieser Zeit die Aufgabe, seinen Kollegen zu unterstützen. Einer ist also immer „Haupttrainer“, der andere der „Assistent“ – jeweils abwechselnd. Beide sind gleich wichtig, und vor allem zählt das gute Zusammenspiel.

Spicken erlaubt

Sie werden sich sicherer fühlen, wenn Sie Ihre Aufgaben auf einem „Spickzettel“ parat haben. So können Sie trotz Aufregung den Überblick behalten.

Vergewissern, ob die Gruppe alles verstanden hat

Nach einem längeren Vortrag Ihrerseits sollten Sie der Gruppe die Möglichkeit geben, Fragen zu stellen. Auch nach einer Spielanleitung oder einem theoretischen Input sollten Sie immer eine Frage an die Gruppe richten, z.B. „Gibt es noch Fragen?“

Deutlich schreiben

Dies gilt vor allem für die Metaplan-Kärtchen und Ihre Mitschrift auf dem Flipchart. Auf Flipcharts schreibt man mit dicken Eddings. Für die Kärtchen gilt: möglichst groß und wenig schreiben, d.h. also z.B. ein Argument pro Karte. Wenn Sie in Druckschrift schreiben, ist es für die Gruppe bestimmt gut lesbar. Immer daran denken: Auch diejenigen, die ganz hinten sitzen, müssen alles noch erkennen können!

Antworten mitschreiben

Wenn Antworten aus der Gruppe zusammengetragen werden, ist es sinnvoll, diese auf dem Flipchart mitzuschreiben. Auch hier ist wieder eine Absprache zwischen den Trainern ganz wichtig: Einer schreibt mit, der andere hört zu. Wenn Sie unsicher sind, wie Sie das Gesagte genau aufschreiben sollen, dann fragen Sie einfach nach, z.B. „Trifft es deine Aussage, wenn ich es so aufschreibe ...?“, oder Sie holen sich Hilfe bei der gesamten Gruppe: „Wie soll ich das notieren?“

Lebendig Schreiben

Für die Mitschrift gilt: Übernehmen Sie das Gesagte im Wortlaut, aber kürzen Sie es ruhig ab. Einen Vorschlag aus der Gruppe, der z.B. lauten könnte: „Sie könnte sagen, dass sie keine Lust hat." lässt sich folgendermaßen umformulieren: „keine Lust".
Die Karten oder die Mitschriften auf den Flipcharts sollten trotz aller Kürzungen aus sich heraus noch verständlich sein.

Aufgaben visualisieren

Wenn Sie möchten, dass die Teilnehmer eine bestimmte Aufgabe bearbeiten, schreiben Sie diese Aufgabe bzw. die Fragestellung für alle sichtbar auf ein Flipchart. So vermeiden Sie Missverständnisse.

Einheiten vorbereiten

Eine gute Vorbereitung ist die halbe Miete! Dazu gehört das Zusammenstellen der Materialien, die Sie brauchen, aber auch das Anfertigen von Listen auf Flipcharts.
Wie die Teilnehmer mitarbeiten, können Sie nicht planen. Aber wie Sie die Sitzung gestalten wollen, das können Sie sich im Vorwege überlegen.

Material und Geräte überprüfen

Bevor Sie beginnen, sollten Sie – um unangenehme Überraschungen zu vermeiden – noch einmal alle Materialien überprüfen: Schreiben die Stifte? Funktioniert der Overhead-Projektor? Ist genug Flipchart-Papier vorhanden? So können Sie sich eine Menge Stress ersparen!

Kontakt mit der Gruppe

Damit die Teilnehmer auch mitmachen und zuhören, ist es ganz wichtig, dass „der Funke" zwischen Ihnen und den Schülern „überspringt". Halten Sie Blickkontakt!
Wenn Ihnen auffällt, dass einige Teilnehmer laut sind oder müde gucken, dann sprechen Sie diese Störung ruhig an.

Motivation der Teilnehmer

Das Training lebt von der aktiven Beteiligung der Teilnehmer.
Ihre Aufgabe ist es, sie immer wieder zu motivieren. Das geht am besten, wenn Sie selbst ausstrahlen, dass Ihnen Ihre Aufgabe Spaß macht und Sie hinter den Trainingsinhalten und -methoden stehen. Machen Sie die Übungen weitestgehend selbst mit.
Auch eine kleine Pause kann motivationsfördernd wirken.

Die Zeit im Auge behalten

Wahrscheinlich vergeht für Sie die Zeit wie im Fluge. Der Trainer, der gerade „Assistent" ist, sollte auf jeden Fall einen Blick auf die Uhr haben. Wenn die Zeit um ist, würgen Sie die Teilnehmer nicht ab, aber sagen Sie Ihnen freundlich, dass Sie langsam zum Schluss kommen möchten. Z.B. „So, das sind jetzt die letzten zwei Beiträge." oder: „Wenn jetzt niemand mehr was ganz Neues sagen möchte, dann würde ich hier gerne einen Schlussstrich ziehen."
Ihre Hauptaufgabe ist die Strukturierung der Einheit.

Kurzportraits

Auf den folgenden Seiten finden Sie Kurzportraits der Autoren, auf deren Untersuchungen und Erkenntnissen sich „Fair streiten lernen“ stützt.

Albert Bandura

„Nur schwerlich lässt sich eine Kultur denken, in der sich Sprache, Sitten, Berufsverhalten, familiäre Gebräuche, die erzieherischen, religiösen und politischen Praktiken bei jedem neuen Mitglied als unmittelbare Folge seines Versuch-Irrtum-Verhaltens einstellen würden, ohne dass an diesem Prozess Modelle beteiligt werden, die die kulturellen Muster in ihrem Verhalten zeigten.“ *(Bandura, 1976)*

Sein Leben:

Albert Bandura – geboren 1925 in Alberta – begann sein Studium an der Universität von British Columbia und wechselte bald an die Universität von Iowa. Dort studierte er Klinische Psychologie. Dabei interessierte ihn insbesondere die Anwendung der Lerntheorien auf klinische Phänomene.
1950 ging ***Albert Bandura*** nach Stanford und beschäftigte sich dort mit Familienmustern, die Aggressivität bei Kindern erzeugen. Während der Arbeit auf diesem Gebiet stieß er auf die zentrale Rolle des Modelllernens bei der Persönlichkeitsentwicklung.
Die breite Palette seiner Arbeiten auf dem Gebiet der Aggression, des Modell- und Beobachtungslernens wird um die Erforschung von Prozessen der Verhaltensänderung ergänzt. Alle seine Forschungen zielen letztlich darauf ab, eine umfassende Theorie vom menschlichen Verhalten zu erhalten.
1980 erhielt ***Albert Bandura*** die wissenschaftliche Auszeichnung der Vereinigung der „American Psychological Association“ für „vorbildliche Leistungen als Forscher, Lehrender und Theoretiker“.

Bedeutung für dieses Programm:

Modelllernen meint den kognitiven Lernprozess, bei dem ein Individuum beobachtetes Verhalten anderer (sowie die darauffolgenden Konsequenzen) dazu nutzt, sich neue Verhaltensweisen anzueignen oder bestehende Verhaltensmuster zu ändern. Für das Fair-Streiten-Training sowie die Tutoren-Ausbildung ist das Lernen am Modell in vielfacher Hinsicht von Bedeutung:

- Modelllernen wird als mögliche Erklärung für die aggressiven Verhaltensweisen vieler Kinder herangezogen.
  Dabei ist nicht nur das reine Beobachten eines aggressiv handelnden Modells von Bedeutung, sondern die stellvertretende Erfahrung, dass sich ein solches Verhalten häufig lohnt bzw. zumindest nicht unmittelbar negative Konsequenzen nach sich zieht. Hinzu kommt, dass vielen Kindern auch positive Modelle fehlen dürften, d.h. andere Kinder oder Bezugspersonen, die ihre Konflikte in konstruktiver Weise lösen.
- Ferner ist Modelllernen ein wichtiger Einflussfaktor auf die Wirksamkeit des Einsatzes von Schülern als Lehrende.
  Die Voraussetzung dafür, dass die Kinder sich von den älteren Schülern „etwas sagen lassen“ und bestenfalls die gezeigten Verhaltensweisen in ihr Repertoire übernehmen, ist eine weitgehende Identifikation des Beobachters mit dem Modell. Diese geschieht am ehesten, wenn sich Modell und Beobachter hinsichtlich relevanter Faktoren (z.B. Alter, sozialer Status etc.) ähneln und zwischen ihnen eine emotionale Beziehung entsteht.

- Auch im Rollenspiel werden neue Verhaltensweisen über das Modelllernen erworben, indem sich die Schüler Konfliktlösungsversuche ihrer Mitschüler ansehen und die für sich jeweils passenden Verhaltensweisen übernehmen.
- Zuletzt setzt die Tutorenausbildung bei der Vermittlung der Gruppenleiterkompetenzen auf die Wirksamkeit des Modelllernens. Im Training lernen die Schüler verschiedene Gruppenleiterkompetenzen am Modell zunächst nur kennen. Hier kommt den Ausbildern die Aufgabe zu, im Anschluss an jede präsentierte Einheit die Tutoren auf die gezeigten Fähigkeiten aufmerksam zu machen und sie als positiv herauszustellen. Die Erfahrung zeigt, dass dann in den weiteren Einheiten das entsprechende verstärkte Verhalten häufiger auftritt.

Ruth C. Cohn

„Jede Gruppeninteraktion enthält drei Faktoren, die man sich bildlich als Eckpunkte eines Dreiecks vorstellen könnte: 1. Das Ich, die Persönlichkeit; 2. Das Wir, die Gruppe; 3. Das Es, das Thema. Dieses Dreieck ist eingebettet in eine Kugel, die die Umgebung darstellt, in welcher sich die interaktionelle Gruppe trifft. Diese Umgebung besteht aus Zeit, Ort und deren historischen, sozialen und teleologischen Gegebenheiten.“ *(Cohn, 1975)*

Ihr Leben:

Als deutsche Jüdin flüchtete ***Ruth C. Cohn*** – geboren 1912 in Berlin – 1933 in die Schweiz. An der Universität Zürich studierte sie u.a. Psychologie und Literatur und ließ sich zur Psychoanalytikerin ausbilden. 1941 wanderte sie in die USA aus und arbeitete dort viele Jahre als Psychotherapeutin. In den 50er Jahren entwickelte ***Ruth C. Cohn*** die Methode der „Themenzentrierten Interaktion“ (TZI), die inzwischen weltweit bekannt geworden ist. Sie gründete Institute für die Ausbildung und Praxis der TZI: das Workshop Institute for Living Learning (WILL) 1966 in New York, 1972 in Europa und international seit 1986. ***Ruth C. Cohn*** ist Ehrendoktorin der Universität Hamburg und der Universität Bern. Seit 1974 lebt sie in der Schweiz und ist Beraterin und Supervisorin der Ecole d'Humanité im Berner Oberland.

Bedeutung für dieses Programm:

Die TZI stellt sowohl für die Tutorenausbildung als auch für das Fair-Streiten-Training eine wichtige Grundlage dar. Die Gruppe versucht – gemäß der TZI – die drei Faktoren der Gruppeninteraktion: ICH, WIR und ES im Gleichgewicht zu halten.
Alle Faktoren sollen in einer dynamischen Balance stehen, wobei in jeder Situation neu entschieden werden muss, welcher Faktor hervorgehoben werden soll.
An den Einzelnen und an die Gruppe ergeben sich Forderungen, von denen folgende einen besonderen Stellenwert einnehmen:

1. Sei dein eigener Chairman.
2. Störungen haben Vorrang.

Die Forderung nach dem WIR findet sowohl in der Tutorenausbildung als auch im Fair-Streiten-Training Beachtung bei den zu Beginn eines Seminars aufgestellten Regeln, die die Form der Zusammenarbeit klären sollen. Dem ICH kommt besondere Bedeutung in der Stabrunde mit den Gefühlskärtchen zu, in der jeder Teilnehmer sagen darf, wie ihm zumute ist.
Im Anschluss an jede Einheit wird im Stimmungsbarometer die Möglichkeit gegeben, zum Verlauf des Tages seine Meinung zu äußern und so auch zum ES, dem Thema, Stellung zu nehmen. Gerade in der Tutoren-Ausbildung ergeben sich hier Kurskorrekturen oder Änderungswünsche seitens der Schüler, die den Ausbildern helfen können, das Training so zu modifizieren, dass alle Teilnehmer motiviert sind.

Carl R. Rogers

„Du bist gut so, wie du bist!“
(Rogers, 1974)

Sein Leben:

Carl R. Rogers – geboren 1902 in Oak Park, gestorben 1987 – studierte Agrarwissenschaften und Theologie, ehe er Klinische Psychologie belegte. Nach Abschluss des Doktorats in Psychologie folgte ein Jahrzehnt der praktischen Arbeit in der Therapie und Diagnostik, vorwiegend mit Kindern und Jugendlichen.

1940 übernahm er seine erste Professur an der Ohio State University, wo er zusammen mit Kollegen und Studenten den „nichtdirektiven“ und „klientenzentrierten“ Ansatz in der Psychotherapie in Forschung und Praxis entwickelte. Diese Arbeit setzte er durch die Übernahme weiterer Professuren in Chicago und Wisconsin fort.

Nach der akademischen Laufbahn lebte ***Carl R. Rogers*** ab 1964 in La Jolla/Kalifornien, wo er das Center for Studies for the Person mitbegründete, das durch Aus- und Weiterbildungsveranstaltungen für die Leitung personenzentrierter Gruppen und durch verschiedene innovative Projekte im Schul- und Erziehungsbereich bekannt geworden ist. Als Mitbegründer der Association of Humanistic Psychology war ***Carl R. Rogers*** einer der profiliertesten Vertreter dieser Richtung. In seinen letzten Lebensjahren engagierte er sich intensiv in der Friedensarbeit und der Förderung interkultureller Kommunikation. Er verfasste eine Reihe von Büchern, die inzwischen in mehrere Sprachen übersetzt wurden.

Bedeutung für dieses Programm:

Die Ausbilder und Tutoren sollen als Gruppenleiter über eine bestimmte Haltung verfügen. Die in der Tutorenausbildung und im Fair-Streiten-Training gewünschten Haltungen gehen auf ***Carl R. Rogers*** zurück: unbedingte Wertschätzung (Akzeptanz), einfühlendes Verstehen (Empathie) und Echtheit (Kongruenz) gehören zusammen und ergänzen sich gegenseitig.

- Unbedingte Wertschätzung des Gegenübers ist nicht an bestimmte Bedingungen geknüpft. Dies gilt für jeden Einzelnen genauso wie für eine Gruppe. Man erwartet von dem Gegenüber keine Gegenleistung. Diese Form der Akzeptanz gründet auf einen tiefen und ehrlichen Respekt gegenüber anderen Menschen mit ihren persönlichen Meinungen und Bedürfnissen.
- Einfühlendes Verstehen ist die Fähigkeit, sich in eine Person hineinzuversetzen und die Welt durch „ihre Brille“ zu sehen, für einen Augenblick ihre Gefühle und Erfahrungen mitzuempfinden sowie deren genaue Bedeutung zu verstehen. Sie geht mit der unbedingten Wertschätzung einher: Wenn ich den anderen bedingungslos wertschätze, dann habe ich ein Interesse, an seiner Erlebniswelt teilzuhaben.
- Echtheit betrifft die Person des Gruppenleiters direkt. Konkret bedeutet dies, dass das äußere Verhalten einem echten Gefühl entspricht. Der Gruppe gegenüber tritt der Leiter als Mensch mit Schwächen und Stärken auf. Mit diesem Vorbild können auch die Gruppenmitglieder sich authentisch geben.
  Sie verlieren eher die Scheu, sich zu blamieren, weil die Kursleitung auch bei sich selbst Fehler und Möglichkeiten, sich zu blamieren zulässt. Die Beziehung wird offen und real, und das gegenseitige Vertrauen gefördert, wenn der Gruppenleiter Gefühle, die er einzelnen Gruppenmitgliedern gegenüber empfindet, zulässt und anspricht.

Insgesamt erfahren in dem Prozess die Tutoren durch die Ausbilder sowie die jüngeren Schüler durch die Tutoren, dass man auswählt, was, wem und wann man etwas sagt. Schließlich hat das eigene Handeln immer Auswirkungen auf die anderen, und so äußert sich der Gruppenleiter in Verantwortung gegenüber sich und den Gruppenmitgliedern. Die von ***Carl R. Rogers*** postulierte Haltung sollte demnach so authentisch von den Ausbildern vorgelebt werden, dass sie von den Schülern als vorbildlich und nachahmenswert empfunden wird.

Literaturverzeichnis

An dieser Stelle finden Sie Literaturhinweise zu Büchern, auf die wir uns bei der Entwicklung der Trainingsprogramme gestützt haben und die Ihnen bei der Umsetzung des Fair-Streiten-Trainings weiterhelfen können:

Besemer, Christoph:
Mediation. Vermittlung in Konflikten. Baden, Werkstatt für Gewaltfreie Aktion, 1999. (direkt über Werkstatt für Gewaltfreie Aktion zu beziehen)
Übersichtliches Handbuch zur Konfliktlösung mit Hilfe einer unbeteiligten dritten Person. Sehr praxisorientiert geschrieben und ideal dazu geeignet, sich einen schnellen Überblick über das Konzept der Mediation zu verschaffen. Das positive Konfliktverständnis wird hier ebenso vermittelt wie typische Kompetenzen, die auch in der Auseinandersetzung als solche hilfreich sind.

Faller, Kurt;
Kerntke, Wilfried;
Wackmann, Maria:
Konflikte selber lösen. Trainingshandbuch für Mediation und Konfliktmanagement in Schule und Jugendarbeit. Mülheim an der Ruhr, Verlag an der Ruhr, 1996.
Dieses Programm enthält ein Basistraining zur Förderung konstruktiver Konfliktlösekompetenzen, eine Mediatorenausbildung und die Integration beider Ansätze in ein Schulentwicklungsprogramm. Alle 28 Einheiten sind detailliert und anwendungsorientiert beschrieben. Sie werden ergänzt durch eine tolle Spielesammlung.

Hagedorn, Ortrud:
Konfliktlotsen.
Leipzig, Klett, 1996.
Ein unterhaltsam beschriebenes Mediationsprogramm für Lehrer und Schüler der Grundschule und der Sekundarstufe I mit dem Ziel der Vermittlung im Konflikt. Das Programm besticht durch seine vielzähligen Arbeitsblätter in Form von Druckvorlagen sowie die detaillierte Darstellung der einzelnen Lerneinheiten.

Hartmann, Martin;
Rieger, Michael;
Luoma, Marketta:
Zielgerichtet moderieren. Ein Handbuch für Führungskräfte, Berater und Trainer.
Weinheim, Beltz, 1999.
Lustig illustrierter Leitfaden für alle Formen der Moderation. Besonders hilfreich sind die Checklisten für die Praxis, die der Anwender zur Vorbereitung der moderierten Sitzung, während des Ablaufs und bezüglich der angewandten Verfahren für sich beantworten kann. Die gebräuchlichsten Methoden der Gruppenleitung, wie z.B. Blitzlicht, Karten- und Zuruffragen, Kleingruppenarbeit und Brainstorming werden kurz und knapp erläutert.

Jefferys, Karin;
Noack, Ute:
Streiten, Vermitteln, Lösen. Das Schüler-Streit-Schlichter-Programm für die Klassen 5–10. Lichtenau, AOL Verlag, 2000.
Mit diesem Programm zur Verbesserung der Streit-Kultur an Schulen erhält der Leser gleich zwei liebevoll gestaltete Trainingskonzepte: das Kooperative Konfliktlösetraining und die Schüler-Streit-Schlichter-Ausbildung. Die große Methodenvielfalt und der anwendungsbezogene Aufbau sorgen für viel Spaß und eine leichte Umsetzung.

Klebert, Karin;
Schrader, Einhard;
Straub, Walter:
KurzModeration.
Hamburg, Windmühle, 1998.
Anwendung der Moderations-Methode in Betrieb, Schule und Hochschule, Kirche und Politik, Sozialbereich und Familie bei Besprechungen und Präsentationen. Hamburg: Windmühle Verlag und Vertrieb von Medien.
Leicht verständliche und praxisnahe Anwendungshinweise für den Umgang mit den Präsentationsmedien Metaplanwand und Flipchart und die Moderation von Besprechungen und Lernveranstaltungen. Das Buch

eignet sich zur Vorbereitung auf einzelne Phasen des Moderationsablaufs und erklärt dem unerfahrenen Moderator in einem Glossar die grundlegenden Begriffe der ModerationsMethode.

Leiß, Margit;
Kaeding, Peer:
Peer-Mediation an Schulen. Hamburg: Fachbereich Psychologie der Universität Hamburg, 1997.
Ein Trainingshandbuch zur Etablierung eines Peer-Mediations-Programmes für siebte bis neunte Klassen unter besonderer Berücksichtigung der Implementierung an Schulen. Das Heft bietet konkrete Hinweise für die Planung und Durchführung eines Peer-Mediations-Programmes und behandelt inhaltlich grundlegende Kompetenzen der Konfliktfähigkeit, wie z.B. Einfühlungsvermögen, Aktives Zuhören und Ich-Botschaften.

Limmer, Christa;
Becker, Dieter;
Riebl, Andreas:
88 Impulse zur Gewaltprävention. Kiel, ITPS,1995.
Eine Sammlung von 88 Experimenten, Übungen und Spielen, die beliebig kombiniert werden können. Die Übungen gliedern sich nach übergeordneten Themen – wie z.B. Umgang mit Wut, eigene Stärken und Schwächen – und können als Ergänzung zu anderen Trainingsprogrammen herangezogen werden.

Schwarzhans, Frauke;
Hauck, Tim:
Streittraining: Fair Streiten Lernen. Unveröffentlichte Diplomarbeit am Fachbereich Psychologie der Universität Hamburg, 2000.
Kreativ gestaltetes und in der Praxis erprobtes Trainingsprogramm für die Grundschule mit vielen kindgerechten Übungen und Methoden. Dieses Programm hat den Anspruch, die Konfliktfähigkeit der Kinder zu verbessern und in erster Linie ohne Streitschlichter auszukommen.

Walker, Jamie:
Gewaltfreier Umgang mit Konflikten in der Sekundarstufe I – Spiele und Übungen. Frankfurt/Main, Cornelsen Scriptor, 1998.
Umfangreiche Auswahl von Spielen und Übungen, die entsprechend dem vorhandenen Konfliktpotenzial eingesetzt werden können. Zu den meisten Übungen werden die Spielideen, die jeweilige Altersstufe und evtl. benötigtes Material genannt. Einzelne Spiele können nach dem Baukastenprinzip auch außerhalb des Kontexts verwendet werden.

Welz, Eberhard;
Dussa, Ulla:
Mädchen sind besser – Jungen auch. Konfliktbewältigung für Mädchen und Jungen. Ein Beitrag zur Förderung sozialer Kompetenz in der Grundschule. Berlin, Paetec Schulbuchverlag, 2000.
Dieses Programm für Kinder der 3.–6. Klasse zeichnet sich durch seinen geschlechtsspezifischen Ansatz aus. In einem detailliert beschriebenen Curriculum stehen der Blick auf die eigene Person und die Erweiterung von Handlungskompetenzen in Konfliktsituationen im Vordergrund. Für die methodische Gestaltung kann der Anwender auf eine umfangreiche Sammlung von Spielen und Übungen zurückgreifen.

Weitere Literaturhinweise:

Gordon, Thomas:
Lehrer-Schüler-Konferenz: Wie man Konflikte in der Schule löst.
Rowohlt, 1981.

Osborne, Alex:
Your Creative Power.
Purdue University Press, 1991.

Rogers, Carl R.:
Encounter-Gruppen. Das Erlebnis der menschlichen Begegnung.
Kindler, 1974 (2. Aufl.).

Rogers, Carl R.; Rosenberg, Rachel L.:
Die Person als Mittelpunkt der Wirklichkeit.
Klett-Cotta, 1980.

Rogers, Carl. R.:
Die klientenzentrierte Gesprächspsychotherapie,
Fischer TB, 1998.

Rogers, Carl R.; Schmidt, Peter F.:
Person-zentriert. Grundlagen von Theorie und Praxis.
Matthias-Grünewald-Verlag, 1998.

Schulz von Thun, Friedemann; Bossemeyer Konstanze:
Wie vermittle ich Interventionsmethoden?
Fachbereich Psychologie der Universität Hamburg, 1993.

Schulz von Thun, Friedemann; Ruppel, Johannes; Stratmann Roswitha:
Miteinander Reden. Kommunikationspsychologie für Führungskräfte.
Rowohlt TB, 2000.

Schulz von Thun, Friedemann:
Praxisberatung in Gruppen. Erlebnisaktivierende Methoden mit 20 Fallballspielen zum Selbsttraining für Trainerinnen und Trainer, Supervisoren und Coachs.
Beltz, 2001.